큰할배의 하루 책장 운세

큰할배 지음

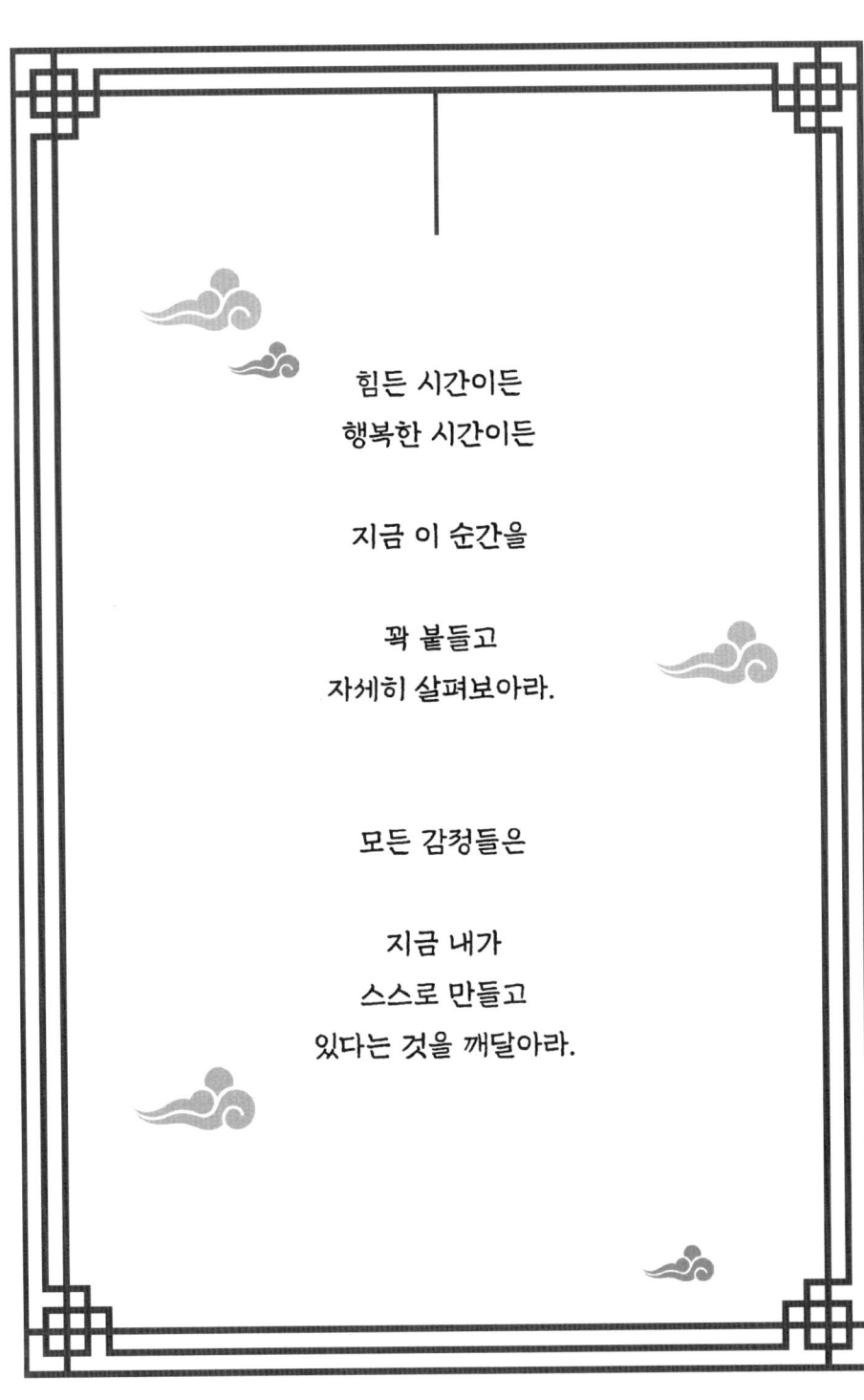

힘든 시간이든
행복한 시간이든

지금 이 순간을

꽉 붙들고
자세히 살펴보아라.

모든 감정들은

지금 내가
스스로 만들고
있다는 것을 깨달아라.

쥐띠: 차량 사고 조심. 충분한 거리 확보가 필요함.

 소띠: 주도적으로 움직일 것. 오늘은 좋은 결과가 있음.

 호랑이띠: 시비수가 있으니 말조심할 것.

 토끼띠: 답답하더라도 입 밖으로 꺼내지 말고 참는 것이 좋음. 입 밖으로 꺼내면 관계가 틀어질 수 있음.

 용띠: 급하게 서두르다 중요한 것을 빠트릴 수 있으니 침착할 것.

 뱀띠: 금전상 손해가 따를 수 있으니 중요한 금전 거래 투자는 다음 기회로 미루는 것이 좋음.

 말띠: 쓸데없는 시비에 휘말릴 수 있으니 감정적인 대응은 삼가고 말을 아낄 것.

 양띠: 건강관리에 유의할 것. 평소 무리했던 습관이 건강에 나타날 수 있음.

 원숭이띠: 정신적 피로와 스트레스가 극심하니 휴식을 취할 것.

 닭띠: 운이 좋은 하루. 인연을 맺은 사람이나 조력자가 나타남.

 개띠: 탐욕을 부리지 않으면 진행 중인 일에 대성과가 나타남.

 돼지띠: 자존심을 버릴 것. 때로는 도움을 요청하는 겸손이 더 큰 기회가 됨.

○─ 행운의 숫자: 3, 7, 13 ─

나를 위해 더 노력할 것.

쥐띠: 고생 끝에 낙이 온다. 그간의 시련과 고통은 결실을 위한 밑거름이라고 느낄 수 있는 하루.

 소띠: 금주를 권장. 손재와 사고수가 있을 수 있음.

 호랑이띠: 추진 중인 일에 손실이 있을 수 있으니 중요한 결정은 다른 날로 미루는 것이 좋음.

 토끼띠: 말실수로 오해가 있을 수 있으니 말조심.

 용띠: 작은 즐거움이 있음. 긍정의 에너지가 있는 하루.

 뱀띠: 주변의 신뢰가 따를 수 있고 주변 사람들과 관계가 돈독해질 수 있음.

 말띠: 작은 노력도 큰 성과로 올 수 있는 하루.

 양띠: 예민한 하루가 될 수 있음. 주변의 말에 휩쓸리지 말 것.

 원숭이띠: 보람을 얻는 뜻깊은 하루. 스스로의 노력에 자부심을 얻음.

 닭띠: 남에게 이야기를 전달하지 말 것. 오해를 부를 수 있음.

 개띠: 상문살이 낄 수 있으니 상갓집 방문은 자제.

 돼지띠: 잃어버리거나 잊었던 물건을 찾을 수 있음.

─ 행운의 색: 노란색 ─

걸어야 할 길을
확실히 정해라.

그 종착역이

불행역이 아니라면

굳이

힘들게 하는 사람을
태우고 가지 마라.

쥐띠: 과거의 행동이 회자되어 오해를 살 수 있는 상황이 발생할 수 있음. 가급적 만남을 피하는 것이 좋음.

 소띠: 재물적인 손해가 따를 수 있음. 중요한 거래는 미루는 것이 좋음.

 호랑이띠: 문서운이 좋은 하루. 미뤄 왔던 거래나 일을 추진해 보는 것도 좋음.

 토끼띠: 애정운이 강하게 들어옴. 연인뿐만 아니라 사람 관계에도 해당이 되기 때문에 많은 사람들을 만나는 것이 좋음.

 용띠: 책임져야 할 일이 생길 수 있으니 여러 번 확인할 것.

 뱀띠 : 지나간 일에 연연해하지 말고 다시 시작할 것.

 말띠: 굉장히 바쁜 하루가 되겠지만 그만큼 보람이 있으니 부지런히 움직이는 것이 좋음.

 양띠: 구설수에 휘말릴 수 있으니 최대한 언행을 자제할 것.

 원숭이띠: 평소보다 피곤하고 쉽게 지칠 수 있으니 충분한 휴식을 취하는 것이 좋음.

 닭띠: 평소 교류가 없던 지인에게 연락이 올 수 있음. 뚜렷한 목적이나 주제가 없더라도 긍정적으로 받아 주는 것이 추후에 좋음.

개띠: 소 잃고 외양간 고친다.

돼지띠: 새로운 장소를 방문하는 것이 좋음.

○— 행운의 장소: 백화점 —

뜻하지
않았던 일로

삶의 방향이
바뀔 때가 있다.

그중
하나가 '인연'이다.

쥐띠: 한 번의 기회는 찾아오니 주의를 기울여 행운을 놓치는 일이 없도록 할 것.

 소띠: 신경전이 치열하게 발생할 수 있으나 심각하지 않으니 여유를 가지는 것이 좋음.

 호랑이띠: 재물수가 있어 돈을 모으고자 애쓰지 않아도 돈이 모이는 하루.

 토끼띠: 혼자 해내서 성과를 독차지하고 싶겠지만, 다른 사람들을 배려하고 협력하는 것이 더 큰 성과를 불러올 수 있으니 주의할 것.

 용띠: 인간관계를 돌아보며 정리할 필요가 있음.

 뱀띠: 평소 어렵게 생각했던 부분에 과감히 도전해 보는 것도 좋음.

 말띠: 몸에 에너지가 넘치는 하루. 하지만 무릎에 무리가 오는 행동은 삼가는 것이 좋음.

 양띠: 운의 흐름에 굴곡이 있기 때문에 신중함이 요구되는 하루.

 원숭이띠: 즉흥적인 행동이나 언행은 삼가는 것이 좋음.

 닭띠: 고집을 내세우면 그동안의 신뢰 관계가 무너질 수 있으니 주의.

개띠: 그 어느 때보다 이성적이고 냉철하게 생각하는 것이 필요함.

돼지띠: 혼자 있는 시간보다 여러 사람과 어울려 있는 시간이 많을수록 득이 되는 하루.

○─ 행운의 시간: 유시(17시~19시) ─

마음의 빈자리는
빈 채로 둬라.

억지로
채우려 하지 마라.

쥐띠: 쓸데없는 고집이나 자존심 때문에 스스로가 힘들 수 있음.

 소띠: 몸에 축적된 피로가 겉으로 드러날 수 있음. 몸의 이상을 느끼면 곧바로 병원 진료를 받아 보는 것이 좋음.

 호랑이띠: 가족이나 지인들을 잘 챙겨야 오해가 생기지 않으니 주변 사람들을 챙기는 것이 좋음.

 토끼띠: 기대했던 일들이 결실을 얻게 됨.

 용띠: 재물운이 약하기 때문에 예상치 못한 목돈이 지출될 수 있음.

 뱀띠: 힘들어도 대중교통을 이용하는 것이 안전에 유리함.

 말띠: 금전적으로 풍족한 하루이니 돈의 흐름에 신경을 쓸 것.

 양띠: 중요한 일이 한순간의 타이밍에 크게 좌우되니 신중해야 함.

 원숭이띠: 망신살이 있음. 비밀스러운 일이 만천하에 공개될 수 있으니 최대한 조심하는 것이 좋음.

 닭띠: 그동안 골치 아팠던 문제가 하나 해결됨.

 개띠: 시야를 넓혀 주변을 돌아보는 것이 좋음. 하나만 쫓다가는 후회할 수 있음.

돼지띠: 몸과 마음 모두 피곤한 하루. 휴식이 필요함.

○─ 행운의 색: 검은색 ─

귀에 들린다고

생각에 담지 말고

눈에 보인다고

마음에 담지 마라.

쥐띠: 조바심을 버리고 미리 생각하고 대비하는 것이 좋음.

 소띠: 돈거래는 절대 금물.

 호랑이띠: 생각지 못했던 좋은 기회를 얻을 수 있음.

 토끼띠: 실수만 하지 않는다면 어느 정도의 성과가 발생할 수 있으니 침착하게 행동하는 것이 좋음.

 용띠: 뜻밖의 도움으로 하는 일에 큰 발전이 있을 수 있음.

 뱀띠: 괜스레 걱정하고 불안해하다가 일을 그르칠 수 있으니 긴장을 늦추고 안정을 취하는 것이 좋음.

 말띠: 바깥으로 많이 돌아다니는 것이 좋음.

 양띠: 쉽지 않은 하루. 상황이 불리하거나 난처해질 수 있다는 것을 염두하고 행동에 옮길 것.

 원숭이띠: 운세가 강하게 들어와 있어 뜻밖의 이득을 취할 수 있음.

 닭띠: 무리해도 손해 보지 않으니 평소에 시도하지 못했던 일을 시도해 보아도 좋음.

 개띠: 사리 분별력이 극도로 떨어질 수 있으니 긴장을 늦추지 말 것.

 돼지띠: 주객이 전도될 수 있기 때문에 우선순위를 정하는 것이 좋음.

― 행운의 띠: 용띠 ―

사람의 품격은

실수를 하지 않거나
결점을 보이지 않게 하는 데
있는 것이 아니라

실수와 결점을
어떻게
다루는지에서 드러난다.

쥐띠: 갈등이 심화되거나 오해가 발생할 수 있으니 자신의 능력을 너무 드러내려고 하지 말 것.

 소띠: 자신의 소신을 지키는 것이 중요함.

 호랑이띠: 마음 한구석의 짐이 덜어질 수 있으니 기대해도 좋은 하루.

 토끼띠: 무리하게 도전하는 것은 피하는 것이 좋음.

 용띠: 금전운이 좋으니 투자를 한다면 이득을 취할 수 있음.

 뱀띠: 필요 이상의 시간을 바깥에서 보내는 것은 좋지 않음. 가급적 집에서 휴식을 취하는 것이 좋음.

 말띠: 결정적인 순간에 힘을 발휘할 수 있는 운이 들어오는 하루.

 양띠: 큰 손해를 볼 수 있으니 중요한 금전 거래는 하지 않는 것이 좋음.

 원숭이띠: 강한 운이 들어오는 하루. 평소 하고 싶었던 일을 해 보는 것도 좋음.

 닭띠: 사소한 참견으로 인간성에 대한 심판에 오를 수 있기 때문에 스스로를 낮추고 겸손한 태도를 보이는 것이 좋음.

개띠: 환경이 충분히 따라 주지 못해 안타까운 하루. 큰 기대는 하지 않는 것이 좋음.

돼지띠: 급할수록 돌아가라.

── ○─ 행운의 방향: 서쪽 ─

열 개를 포기하고
소중한 하나를 얻을 수 있는 것.

이것이 행복이다.

쥐띠: 차분한 마음을 가질 것. 좋은 일이 있을 수 있으니 흥분하지 말고 침착하게 행운을 잡는 과감한 결단력이 필요함.

 소띠: 새로운 만남의 기회가 있다면 귀찮더라도 최선을 다해 마무리할 것. 인연이거나 귀인일 확률이 높음.

 호랑이띠: 운의 기운이 강하니 미뤄 왔던 일을 해 보는 것도 좋음.

 토끼띠: 빛에 반사되거나 반짝이는 물건은 가급적 피하는 것이 좋음.

 용띠: 누군가의 도움을 가급적 받지 않는 것이 좋음. 스스로 해결하려는 행동이 필요함.

 뱀띠: 건강운이 약하기 때문에 조심할 것. 특히 손목 사용을 주의할 것.

 말띠: 대길한 하루가 될 수 있으니 기대해도 좋으나, 자만은 금물.

 양띠: 사람이 북적이는 곳을 들르는 것이 좋음.

 원숭이띠: 눈에 보이는 것만 믿을 것. 괜한 이야기에 휩쓸리지 말 것.

 닭띠: 뜻하지 않는 사고가 생길 수 있으니 새로운 장소에서는 조심하는 것이 좋음.

개띠: 유달리 바쁜 하루가 될 수 있음. 바쁜 만큼 성과가 발생하지는 않으니 피곤함이 많은 하루.

돼지띠: 돈을 좇다 사람을 놓치는 형국.

○─ 행운의 향기: 라벤더 ─

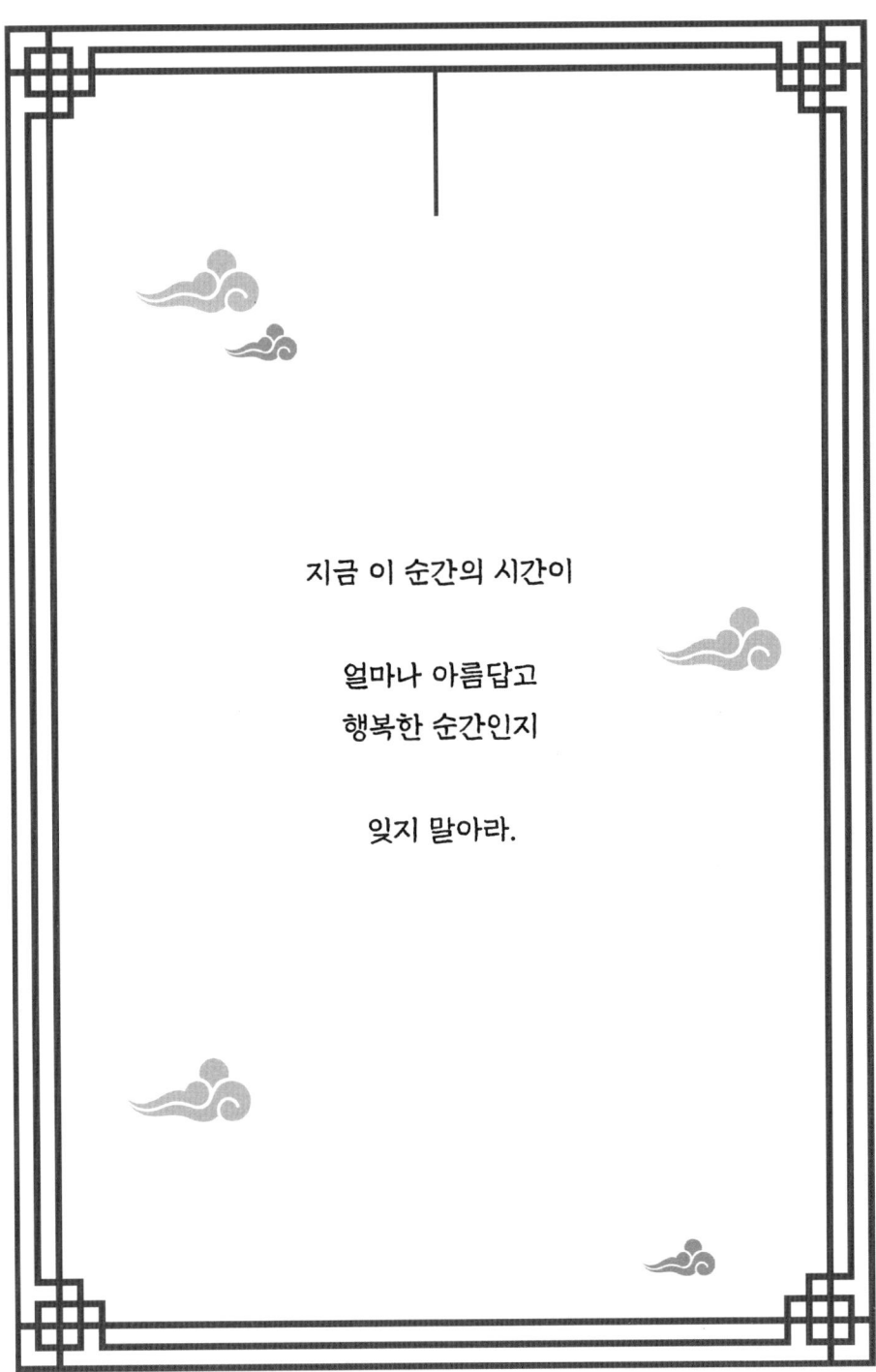

지금 이 순간의 시간이

얼마나 아름답고
행복한 순간인지

잊지 말아라.

쥐띠: 섣부른 행동이 큰 오해를 불러일으킬 수 있으니 언행 주의.

 소띠: 급체 등 소화기관에 문제가 있을 수 있으니 식사를 조절할 것.

 호랑이띠: 뜻하지 않은 재수가 생길 수 있음. 기대해도 좋음.

 토끼띠: 차량 사고수가 있으니 가급적 차량 운행을 피하고, 되도록 도보 이용을 권장함.

 용띠: 재물수가 있으니 즉흥적인 도전을 해 보는 것도 좋음.

 뱀띠: 말 한마디로 많은 것을 잃을 수 있으니 최대한 말을 삼갈 것.

 말띠: 신체적으로 강한 기운이 들어오니 평소 피로감으로 미뤄 왔던 일을 실천해 보는 것이 좋음.

 양띠: 귀인을 만날 수 있으니 주변에 친절을 베풀 것.

 원숭이띠: 가족이 아플 수 있으니 미리 전화로 사고를 예방하는 것이 좋음.

 닭띠: 본인은 느끼지 못할 수도 있으나, 평소 고민거리가 해결되는 방향으로 전환되니 마음속 걱정은 내려놓아도 좋음.

 개띠: 관재수가 있으니 절대 싸움에 휘말리지 말 것.

 돼지띠: 새로운 도전을 하기 좋은 기회.

○─ 행운의 음식: 김밥 ─

삶이란

할 수 있는 일
해야 하는 일
하고 싶은 일의

균형을 찾아가는 과정이다.

쥐띠: 관대함을 가질 것.

 소띠: 관절이 약하여 부상이 있을 수 있으니 각별히 유의할 것.

 호랑이띠: 고성이 오가는 언쟁이 있을 수 있음. 피한다고 피할 수 있는 것이 아니기에 차분한 마음을 가지는 것이 좋음.

 토끼띠: 종종거리며 돌아다녀도 이득이 될 것은 하나 없으니 다소 피곤한 하루가 될 수 있음.

 용띠: 문서운이 강하게 들어오니, 이사나 계약을 할 것이라면 오늘 하는 것이 좋음.

 뱀띠: 욕심을 버릴 것. 과한 욕심은 절대 득이 되지 않는다.

 말띠: 연락이 뜸했던 지인에게 안부를 물어보는 것이 좋음. 뜻밖의 좋은 소식을 들을 수 있음.

 양띠: 무난하게 흘러가는 하루가 될 것.

 원숭이띠: 돌다리도 두들겨 보고 건너라.

 닭띠: 새로운 일을 벌이기 좋은 날. 목표로 두었던 일을 시행해 보는 것이 좋음.

개띠: 망신살이 있으니 가급적 말을 삼갈 것.

돼지띠: 일을 하는 과정에 굴곡과 방해가 많으니 여유를 가지고 끈기 있게 움직일 것.

○― 행운의 아이템: 노트북 ―

진정한 강인함은

감정에 저항하는 것이 아니라

감정의 무게를 느끼며
견디는 것임을 깨달아라.

쥐띠: 구설, 시비수가 있으니 말조심할 것.

 소띠: 일복이 많은 날. 긴장을 늦추지 않는 것이 좋음.

 호랑이띠: 가정에 불화가 있을 수 있으니 갈등이 생기면 즉시 해결할 것.

 토끼띠: 육체보다 정신적 피곤함이 많은 하루. 마인드 컨트롤을 잘 하는 것이 중요함.

 용띠: 자연의 긍정적인 기운을 마음에 담고 활동 방향을 넓혀도 좋음.

 뱀띠: 남의 일에는 알아도 모르는 척하는 것이 좋음. 아는 척하다가 낭패 볼 수 있음.

 말띠: 이동 중 예기치 못한 변수와 사고수가 있으니 여행은 삼갈 것.

 양띠: 작은 실수가 있을 수 있으니 두 번 이상 확인하는 습관이 작은 실수를 막을 수 있음.

 원숭이띠: 연인이나 가까운 사이에 트러블이 있으니 약속은 자제하는 것이 좋음.

 닭띠: 건강한 몸에 밝은 지혜가 있으니 생각하고 뜻한 대로 움직여도 좋음.

 개띠: 사고수가 있으니 운전 조심할 것.

돼지띠: 그동안 미뤄 왔던 일을 마무리하기 좋은 시기.

― 행운의 귀인: 부모님 ―

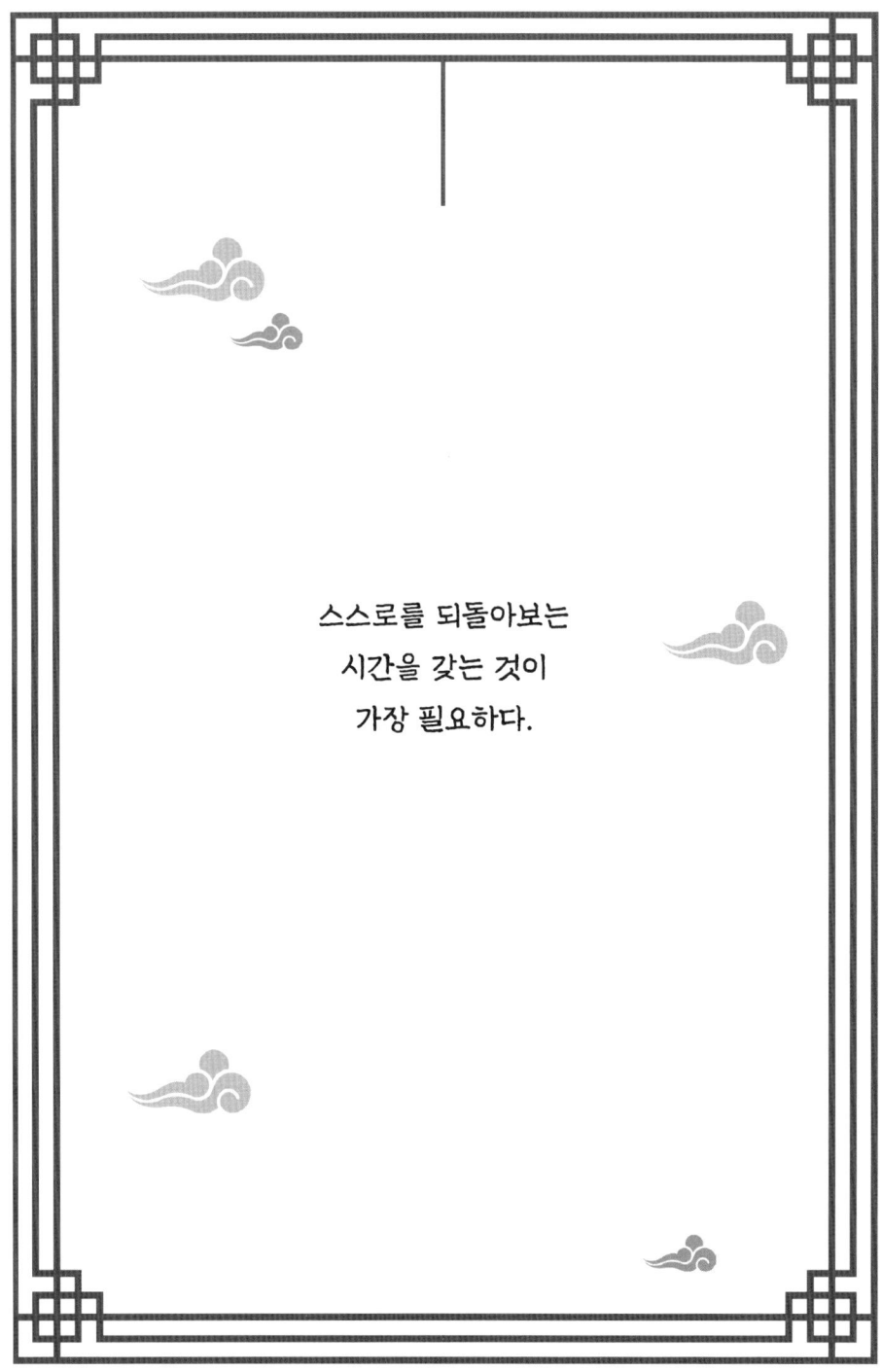

스스로를 되돌아보는
시간을 갖는 것이
가장 필요하다.

쥐띠: 에너지가 낮아 정신적, 육체적 피로도가 평소보다 높으니 충분한 휴식을 취하는 것이 좋음.

 소띠: 소화기관이 약해 평소 먹던 양으로 먹어도 체할 수 있으니 음식에 주의할 것.

 호랑이띠: 생각 없이 뱉은 한마디가 감당하기 어려운 큰 화살이 되어 돌아오니 말을 삼갈 것.

 토끼띠: 뜻하지 않은 횡재수가 있음.

 용띠: 평소보다 바쁜 하루가 되겠지만 실이득은 없음.

 뱀띠: 주변의 말들을 흘려들을 것.

 말띠: 급한 결정을 내리다 오히려 방향을 잃을 수 있으니 마음을 차분히 가라앉히는 것이 중요함.

 양띠: 술로 인해 실수를 하게 되니 오늘 하루 금주할 것.

 원숭이띠: 귀인을 옆에 두고도 알아차리지 못하니 가까운 곳을 둘러볼 것.

 닭띠: 작은 오해나 실수로 인해 인간관계가 틀어질 수 있으니 대범하게 생각하고 행동하는 것이 좋음.

 개띠: 주변을 통해 뜻하지 않게 문제가 해결될 수 있음. 주변 사람들에게 도움을 요청하는 것이 좋음.

 돼지띠: 건강운이 저조하니 스케줄 관리를 잘 할 것.

○─ 행운의 장소: 도서관 ─

걱정과 불안이란

내 삶을
불필요한 에너지로

가득 채우는 것과 같다.

쥐띠: 주변 사람들에게 좋은 인상을 남길 수 있는 기회가 찾아오니 미소를 잃지 말 것.

 소띠: 손아랫사람에게 도움을 받을 수 있으니 주변을 잘 살펴볼 것.

 호랑이띠: 눈앞의 이익이 보인다 하여 섣부른 결정을 내렸다가 큰 후회를 할 수 있기 때문에 신중하게 생각하는 것이 좋음.

 토끼띠: 즉흥적인 언행을 삼갈 것.

 용띠: 관절을 다칠 수 있기 때문에 과도한 육체적 노동은 가급적 미루는 것이 좋음.

 뱀띠: 무분별한 지출은 오히려 마음을 공허하게 하니 꼼꼼히 따져 보고 지출하는 것이 좋음.

 말띠: 능력을 크게 발휘할 수 있는 하루. 평소보다 일이 많더라도 불평하지 말고 오히려 반기는 것이 좋음.

 양띠: 문서운이 들어와 있으니 투자나 매매를 해 보는 것도 좋음.

 원숭이띠: 평소 해결되지 않았던 일들이 점차 풀리려는 징조가 보이니 긍정적으로 생각할 것.

 닭띠: 좋은 일은 주변 사람들에게 알려 같이 기뻐하고 함께 누리는 것이 좋음.

개띠: 자만심을 버릴 것.

돼지띠: 타인의 협조가 무엇보다 중요한 하루.

○─ 행운의 월생: 10월생 ─

행복하려면
가벼워야 한다.

몸도, 정신도, 마음도.

쥐띠: 기운이 약하기 때문에 최대한 활동 범위를 좁히는 것이 좋음.

 소띠: 인간관계에 문제가 있을 수 있으니 말실수를 조심할 것.

 호랑이띠: 예상치 못한 사고수가 있으니 사람들이 많은 곳을 지날 때는 주의하는 것이 좋음.

🐰 토끼띠: 나의 노력이 결과로 나타남. 노력이 적었다면 결과 또한 작을 것이고, 노력을 해 왔다면 아무런 걱정을 할 필요가 없음.

 용띠: 오늘의 행운은 당신의 것. 마음껏 누리길.

 뱀띠: 과거의 일이 나의 발목을 잡는 하루. 괜한 집착이나 미련을 떨치는 것이 좋음.

 말띠: 감정 기복이 있으니 스스로 자제하는 마음을 가질 것.

 양띠: 눈앞의 이익을 좇다 큰 손해를 볼 수 있음.

 원숭이띠: 상갓집 방문은 자제하는 것이 좋음.

 닭띠: 평소 미뤄 왔던 일을 시작해 보는 것이 좋음. 시작이 다소 어렵더라도 좋은 결과가 나타남.

 개띠: 오래된 지인과 관계가 틀어질 수 있으니 언행을 조심할 것.

🐷 돼지띠: 폐와 호흡기관이 상하지 않도록 관리하는 것이 좋으며, 낯선 곳의 방문은 자제하는 것이 좋음.

○─ 행운의 단어: 기도 ─

사람은
자기가 아는 만큼
보고 느낀다.

나의 그릇을
키우는 것이 중요하다.

쥐띠: '흙'과 '나무'에 관련된 부분에 좋은 기운이 보임.

 소띠: 오래된 인연이 끊어질 수 있으니 오해가 될 만한 행동은 자제하는 것이 좋음.

 호랑이띠: 부정의 기운이 높아질 수 있으니 사람이 많은 곳은 피할 것.

 토끼띠: 평소보다 일이 풀리지 않으니 중요한 일은 다음번으로 미루는 것이 좋음.

 용띠: 횡재수가 따라 주는 기분 좋은 날. 예상치 못한 곳에서 소득이 생길 수 있음.

 뱀띠: 분명 부메랑처럼 돌아올 것이니 베푸는 하루가 되는 것이 좋음.

 말띠: 부지런히 움직여야 하는 하루. 앉아 있을수록 손해를 볼 수 있음.

 양띠: 그동안의 노력이 말 한마디로 물거품이 될 수 있으니 말조심할 것.

 원숭이띠: 좋은 일도, 나쁜 일도 없는 무난한 하루.

 닭띠: 적당한 지출은 오히려 더 큰 수익으로 연결될 수 있는 기회이니 적당한 지출을 권장.

개띠: 노력한 것에 대한 정당한 평가를 기대해도 좋음.

돼지띠: 대인 관계의 인연을 확장하지 않는 것이 좋음.

○― 행운의 순간: 화장실 ―

삶은 단번에
완벽한 그림일 수 없다.

지우는 과정을 통해
내가 원하는 그림을 그려 나갈 수 있다.

쥐띠: 망신살이 있으니 가급적 행동을 자제할 것.

 소띠: 별걱정 없는 하루. 무난하게 흘러갈 수 있음.

 호랑이띠: 새로운 일을 벌여도 길하게 작용함. 변화가 좋은 기운을 가져오니 새로운 도전을 해 보는 것이 좋음.

 토끼띠: 괜한 오해를 살 수 있으니 적극적으로 나서지 않는 것이 좋음.

 용띠: 구설수가 있으니 헛소문이나 타인의 말에 귀 기울이지 말 것.

 뱀띠: 문서운이 약하니 계약이나 매매는 다른 날로 미루는 것이 좋음.

 말띠: 기다리던 행운이 찾아오니 오늘은 도전해 보는 것이 좋음.

 양띠: 타인에게 인정받을 수 있는 하루. 그렇다고 자만하지 말 것.

 원숭이띠: 노력해 왔던 일들에 대해 보상받기는 어려우니 큰 기대는 하지 말 것.

 닭띠: 부실했던 신체 기관의 기운이 높아지는 하루. 오늘의 컨디션을 잘 유지할 것.

 개띠: 사소한 실수로 기회를 놓칠 수 있으니 머리를 식히고 차분히 생각할 것.

🐷 돼지띠: 운의 기복이 강하니 흔들리지 말고 침착할 것.

○─ 행운의 아이템: 연필 ─

있는 그대로
세상을 바라본다고
당당하게 이야기할 수 있는가?

내가 평생 만들어 온
마음의 안경으로 세상을 보지는 않는가?

안경을 벗어라.

쥐띠: 소신대로 움직이는 것이 길하게 작용함.

 소띠: 소소한 금전운이 있으니 생각지 못한 행운이 찾아올 수 있음.

 호랑이띠: 뜻하지 않는 곳에서 귀인을 만나니, 오늘은 새로운 사람들과 낯선 장소에 오래 머무는 것이 좋음.

🐰 토끼띠: 주변의 소문이나 평판에 신경 쓰지 말고 본인의 생각을 믿고 행동할 것.

 용띠: 문제를 해결해 줄 조력자가 나타날 것이니 조급해하지 말 것.

 뱀띠: 좋은 일이 좋은 일을 몰고 오고, 나쁜 일이 나쁜 일을 몰고 옴.

 말띠: 횡재수가 있으니 기대해도 좋은 하루.

 양띠: 겸손함을 잃지 않는다면 연이은 행운이 찾아올 것.

🐵 원숭이띠: 구설수가 강함. 무심코 뱉은 말들이 걷잡을 수 없는 소문의 주인공이 될 수 있으니 말조심할 것.

🐔 닭띠: 금전적 이득이 생길 수 있으며 돈에 대한 스트레스가 줄어들 수 있음.

🐶 개띠: 주변의 방해가 강하니 주위의 모든 말에 등을 돌릴 것.

🐷 돼지띠: 많은 행운이 따르는 날이니 평소 해결하지 못했던 일에 다시 도전해 보는 것도 좋음.

○─ 행운의 색: 주황색 ─

인연이라면
반드시 만나게 되어 있다.

쥐띠: 평소 주변 사람들에게 베풀었던 일이 나에게로 돌아와 많은 도움을 받을 수 있음.

 소띠: 사기를 당할 수 있으니 새로운 일은 추진하지 않는 것이 좋음.

 호랑이띠: 뜻하지 않은 인연을 만날 수 있으나, 그 인연은 좋은 인연이 아님을 명심할 것.

 토끼띠: 선택과 집중이 필요함. 오늘은 한 가지 일만 집중할 것.

 용띠: 대인 관계에 신경을 쓰는 것이 좋음. 생각지 못한 곳에서 새로운 만남이 시작될 수 있음.

 뱀띠: 용기가 없어 미뤄 두었던 일을 과감하게 도전해 보는 것도 좋음.

 말띠: 건강운이 급격하게 떨어지니 수면 관리에 집중할 것.

 양띠: 횡재수가 있음.

 원숭이띠: 의욕이 앞서고 자신감에 가득 차 있을 수 있으나 다른 사람과의 충분한 대화를 통해 결정할 것.

 닭띠: 본인의 결정을 타인에게 절대로 맡기지 말 것.

 개띠: 조력자들의 도움을 거절하거나 의심하지 말고 받아들인다면 행운이 따를 것.

돼지띠: 가까운 지인과의 말다툼이 있을 수 있음.

○— 행운의 숫자: 9, 19, 29 —

세상에서
사람의 마음을 얻는 일만큼
어려운 일은 없다.

쥐띠: 오전에는 재물이 빠져나가는 듯하나, 오후에 더 큰 재물이 들어올 것임.

 소띠: 언행을 조심할 것.

 호랑이띠: 부주의한 사고로 인하여 골절을 입을 수 있으니 행동을 조심할 것.

 토끼띠: 솔직하게 행동할 것. 작은 거짓이 큰 오해를 불러일으킴.

 용띠: 진행하던 일이나 방향을 바꾸지 말 것. 선택의 변화는 좋지 못한 결과를 초래할 수 있음.

 뱀띠: 새로운 사람에게 친절을 베푼다면 반드시 그 덕이 돌아오니 오늘은 친절한 하루가 되는 것이 좋음.

 말띠: 조급해하지 말고 마음의 여유를 가질 것.

 양띠: 빛나기 전 가장 어두운 하루. 오늘을 잘 버티는 것이 중요함.

 원숭이띠: 주변의 조언보다는 본인의 소신대로 움직일 것.

 닭띠: 복잡했던 주변 상황이 정리되어 회복할 수 있는 기운이 강함.

 개띠: 저녁보다는 이른 아침에 기운이 좋으니 평소보다 이른 하루를 보내는 것이 좋음.

 돼지띠: 좋은 기운이 감도니 겸손함을 유지하면 좋은 소식이 올 것.

○— 행운의 달: 6월 —

실수하지 않는 게
목표가 될 수 없다.

쥐띠: 고집스러운 모습을 버리고 시야를 넓힌다면 더 많은 것을 얻을 수 있음.

 소띠: 냉정하게 현실을 직시할 것. 헛된 희망은 오히려 실망감만 커짐.

 호랑이띠: 무리한 약속은 잡지 않는 것이 좋음.

 토끼띠: 어디를 가나 환영받으니, 서먹한 관계에 있던 사람들과도 관계가 호전될 수 있음.

 용띠: 평소 연락하지 않았던 사람에게 연락해 보는 것이 좋음. 반가운 소식이 기다릴 수 있음.

 뱀띠: 결단력이 필요한 하루. 용기 있게 과감한 결정이 필요함.

 말띠: 잦은 실수가 많으니 평소 활동량보다 적게 움직이는 것이 좋음.

 양띠: 과한 욕심은 금물.

 원숭이띠: 음기가 약하니 체력 보충을 해야 할 때.

 닭띠: 좋은 투자처가 보이면 과감히 진행해 보는 것도 좋음.

 개띠: 서두르다 오히려 일을 망치게 되니 급할수록 돌아가라.

 돼지띠: 인정받을 수 있는 하루. 과욕은 금물.

― 행운의 장소: 병원 ―

내가 느끼는
공허함과 갈구함은
어느 누구도 채워 줄 수 없다.

오직
나만이 해결할 수 있다.

쥐띠: 마무리를 잘 할 것. 어설픈 마무리가 그동안의 노력을 물거품으로 만들 수 있음.

 소띠: 가족의 건강을 살펴보는 것이 좋음.

 호랑이띠: 구설수의 중심이 될 수 있으니 행동을 조심할 것.

 토끼띠: 사고수가 있을 수 있으니 가급적 외출을 자제할 것.

 용띠: 깊었던 마음고생에서 벗어날 수 있음.

 뱀띠: 인맥을 이용하여 해결하는 것도 좋은 방법임.

 말띠: 기운이 좋으니 새로운 도전을 해 봐도 좋음.

 양띠: 누군가 나를 막고 있다고 생각할 정도로 일이 풀리지 않음. 조급해하지 말고 쉬어 가는 것도 좋음.

 원숭이띠: 생각지 못한 곳에서 좋지 않은 이야기가 들려올 수 있으니 긴장을 풀지 말 것.

 닭띠: 건강 관리에 유의할 것.

 개띠: 새로운 인연이 들어올 수 있음. 마음의 여유를 가질 것.

 돼지띠: 단편적인 것을 보고 판단하지 말 것.

○― 행운의 시간: 묘시(05~07시) ―

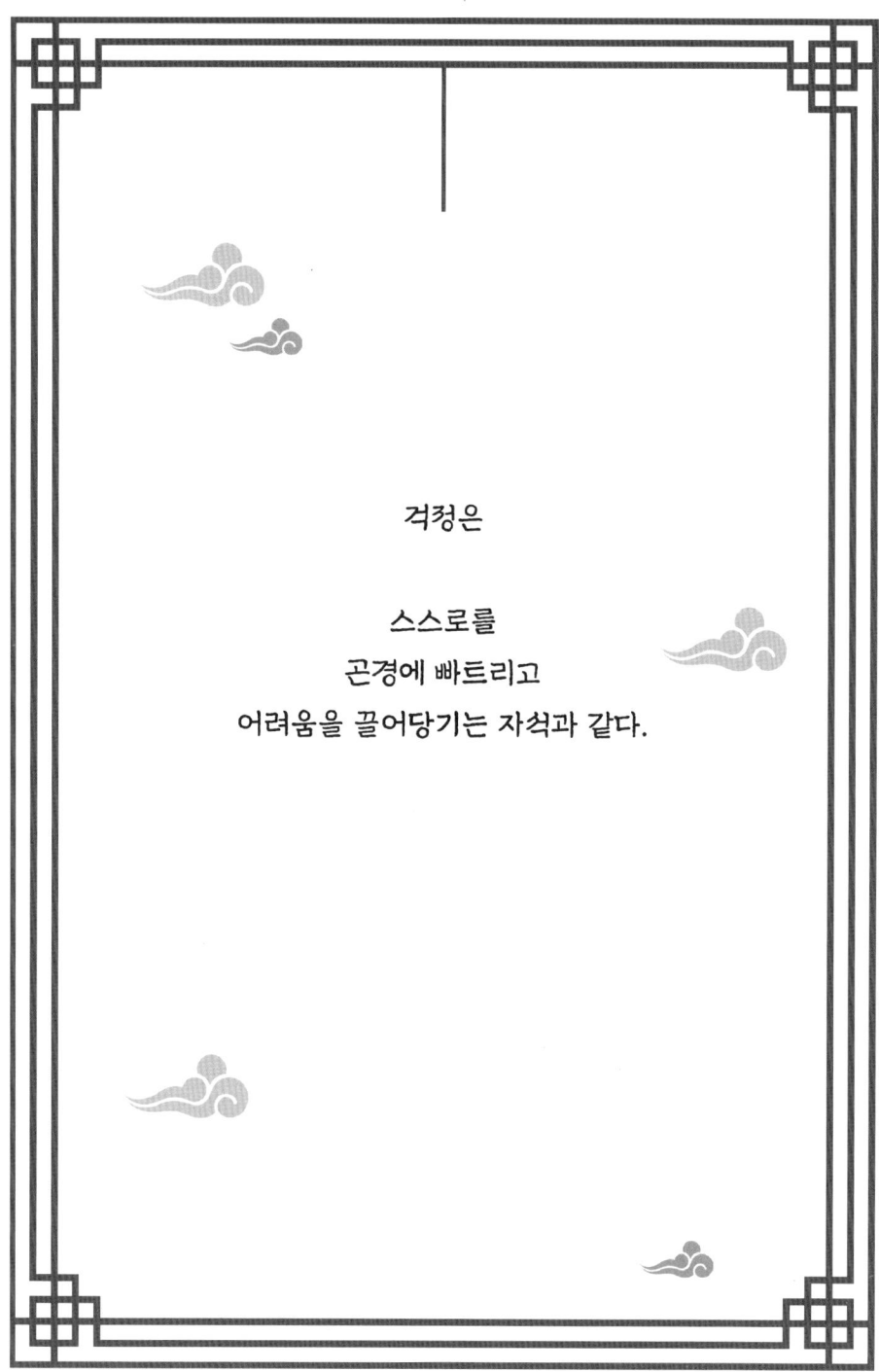

걱정은

스스로를
곤경에 빠트리고
어려움을 끌어당기는 자석과 같다.

쥐띠: 낮보다는 밤에 기운이 강함.

 소띠: 손바닥으로 가린다고 하늘이 가려지지 않는다.

 호랑이띠: 본인에게 친절한 사람을 조심할 것.

 토끼띠: 새로운 만남에서 좋은 기운을 얻을 수 있음.

 용띠: 주변 사람들에게 중요한 정보를 얻을 수 있음.

 뱀띠: 평소 노력한 일에 성과를 얻을 수 있음.

 말띠: 좋은 제안이 들어오면 확실하게 잡아채는 것이 좋음.

 양띠: 관재수가 있으니 오늘은 절대 음주하지 말 것.

 원숭이띠: 몸과 마음이 모두 피곤한 하루. 쓸데없는 일에 굳이 에너지를 쏟을 필요는 없음.

 닭띠: 한 가지 방향만 생각하지 말고 여러 가지 방향으로 넓히는 것이 좋음.

개띠: 과욕은 금물.

돼지띠: 불필요한 지출이 많을 수 있음.

― 행운의 동물: 토끼 ―

상대에게
잘 보이려 하지 말고

나한테 잘 보이도록 해라.

쥐띠: 선의가 오해를 불러일으킬 수 있으니 행동을 삼갈 것.

 소띠: 원하는 바를 이루기 어려우니 신중히 행동할 것.

 호랑이띠: 문서운이 강하니 계약, 매매 등을 해 보는 것도 좋음.

 토끼띠: 가까운 사람으로 인해 불필요한 지출이 생길 수 있음.

 용띠: 난감한 상황에서는 주변 사람들에게 도움을 요청하는 것이 좋음.

 뱀띠: 중요한 결정은 다음으로 미루는 것이 좋음.

 말띠: 얻는 것보다 잃는 것이 더 많은 하루.

 양띠: 약속과 계획에 차질이 생길 수 있으니 신중하게 계획을 세울 것.

 원숭이띠: 좋은 소식과 나쁜 소식이 함께 들려올 수 있음.

 닭띠: 지인들로부터 기쁜 소식이 들려오니 진심을 다해 축하해 줄 것.

 개띠: 붉은색의 소지품을 지니는 것이 좋음.

 돼지띠: 오늘은 가급적 약속을 잡지 않고 사람들과의 접촉을 피하는 것이 좋음.

○─ 행운의 아이템: 손목시계 ─

슬퍼하거나 분노하지 마라.

모든 일에는 끝이 있다.

쥐띠: 시간 낭비를 할 수 있으니 새로운 도전은 하지 않는 것이 좋음.

 소띠: 당장 눈앞의 경제적 이익보다는 명분을 챙길 것.

 호랑이띠: 사고수가 있으니 운전을 조심할 것.

 토끼띠: 자만하지 말고 겸손할 것.

 용띠: 갈등을 해결하려다 더 큰 갈등을 초래할 수 있음. 잠시 쉬어

　　　갈 것.

 뱀띠: 조금 더 욕심내도 괜찮은 하루.

 말띠: 부상을 입을 수 있으니 조심히 행동할 것.

 양띠: 소화기관이 약해질 수 있으니 과식은 금물.

 원숭이띠: 할 일이 많더라도 잠시 쉬어가 볼 것.

 닭띠: 뜻하지 않은 고민거리가 생길 수 있음.

 개띠: 구설수에 오를 수 있으니 말조심할 것.

 돼지띠: 귀인을 만날 수 있으니 오늘 하루 친절할 것.

　　　　　o― 행운의 활동: 그림 ―

행복을 얻으려면

감사와 존중을 먼저 배워라.

쥐띠: 지혜와 절제가 필요한 하루.

 소띠: 내일을 위해서 집에 일찍 귀가하는 것이 좋음.

 호랑이띠: 가까운 사람을 경계하라.

 토끼띠: 왕래가 없던 사람이 도움을 청한다면 최대한 도와주는 것이 미래의 나에게 도움이 됨.

 용띠: 공과 사는 구분할 것.

 뱀띠: 주위 사람을 탓하기보다는 본인의 무능력함을 탓해야 함. 남탓은 자제하는 것이 좋음.

 말띠: 힘들어도 자가용보다는 대중교통을 이용하는 것이 좋음.

 양띠: 상대방의 잘못이 있더라도 눈감아 주는 것이 좋음.

 원숭이띠: 금전적으로 풍족한 하루가 될 것.

 닭띠: 오늘의 말 한마디가 내일의 결과를 바꿀 수 있으니 언행에 신중할 것.

 개띠: 구설수가 있으니 신분에 맞는 행동을 취할 것.

 돼지띠: 폭풍 전의 고요. 체력과 에너지를 비축하는 것이 좋음.

○― 행운의 아이템: 파란 계열의 옷 ―

오지 않을 미래의 불안감 때문에

오늘의 행복을
버리려 하는가?

쥐띠: 금전적 손해를 입을 수 있으니 신중할 것.

 소띠: 감정 기복이 심하니 스스로의 마음을 잘 다스릴 것.

 호랑이띠: 괜한 오해를 불러일으킬 만한 행동은 하지 않는 것이 좋음.

 토끼띠: 타인의 실수를 눈감아 준다면 나에게 복이 되어 돌아오니

덕을 많이 쌓는 것이 좋은 하루.

 용띠: 새로운 도전은 다음으로 미루는 것이 좋음.

 뱀띠: 다른 사람의 이야기를 곧이곧대로 믿지 말 것.

 말띠: 망신살이 크게 있으니 행동에 유의할 것.

 양띠: 새로운 만남에서 귀인을 만날 수 있음.

 원숭이띠: 소화기관이 약할 수 있으니 음식 섭취를 조심할 것.

 닭띠: 평소보다 육체적 피로가 강하게 오니 컨디션 조절에 유의할 것.

 개띠: 오늘은 나서지 말고 조용히 지내는 것이 좋음.

 돼지띠: 사람이 많은 곳으로 가는 것이 좋음.

○— 행운의 숫자: 8, 29, 37 —

생각이 늙어 가는 것을 경계해라.

자기의 생각만
고집하는 순간
늙어 가는 것이다.

쥐띠: 큰 망신살이 있으니 음주가무는 피할 것.

 소띠: 파란색의 기운이 좋으니 관련된 소지품을 지니는 것이 좋음.

 호랑이띠: 손윗사람에게 큰 도움을 받을 수 있음.

 토끼띠: 평소 생각만 하고 실천하지 못했던 도전을 해 보는 것도 좋음.

 용띠: '쇠' 혹은 '천' 관련된 업무를 하는 사람의 기운이 굉장히 좋은 하루.

 뱀띠: 기대했던 일의 성과가 좋지 못함.

 말띠: 사고수가 있으니 가급적 도보 이용을 권장함.

 양띠: 자기감정에 솔직해 볼 것. 뜻하지 않은 좋은 인간관계가 생김.

 원숭이띠: 말 한마디가 천 냥 빚을 갚을 수 있는 하루.

 닭띠: 그늘이 있어야 더 밝게 빛나는 법. 좌절하지 말 것.

 개띠: 소문에 휩쓸리지 말고 소신을 지킬 것.

 돼지띠: 중립적인 태도를 지키는 것이 오늘의 나를 보호하는 일.

o— 행운의 향기: 코튼 향 —

절대 잊지 말아야 할 사람은

어려울 때
옆에 있어 준 사람.

빨리 잊어야 할 사람은
어려울 때
떠난 사람.

쥐띠: 이성운이 강하니 용기를 내 볼 것.

 소띠: 기운이 굉장히 좋아 뜻한 바를 이룰 수 있으니 도전적으로 행동해 볼 것.

 호랑이띠: 불필요한 지출이 생길 수 있으니 주의할 것.

 토끼띠: 손재수가 있으니 유의할 것.

 용띠: 예상치 못한 부상이 생길 수 있으니 행동을 조심할 것.

 뱀띠: 때로는 쉬어 가는 것이 가장 빠르게 가는 법. 휴식이 필요함.

 말띠: 'ㅎ', 'ㅍ', 'ㄹ'의 이름은 조심할 것.

 양띠: 다른 사람에게 아쉬운 소리를 들을 수 있으니 섣부른 부탁은 금물.

 원숭이띠: 친하게 지내 왔던 사람이 귀인이니 주변인을 돌아볼 것.

 닭띠: 돌다리도 두들겨 보고 건너라.

 개띠: 때로는 거절할 용기도 필요함.

🐷 돼지띠: 문제가 발생할 수 있으나, 어렵지 않게 해결될 것이니 조급한 마음을 가지지 말 것.

○─ 행운의 음식: 된장 ─

완벽한 사람보다는

최선을 다하는 사람이 되어라.

쥐띠: 믿었던 사람에게 배신을 당할 수 있으니 오늘 하루는 행동거지를 조심할 것.

 소띠: 금전 관련 거래는 다음으로 미루는 것이 좋음.

 호랑이띠: 작은 베풂이 큰 행운으로 돌아오니 친절을 베푸는 하루가 되는 것을 추천함.

 토끼띠: 일이 뜻대로 풀리지 않고 피로도만 쌓일 수 있는 하루.

 용띠: 사고수가 있으니 가급적 행동 범위를 줄일 것.

 뱀띠: 피로가 쉽게 풀리지 않을 수 있으니 체력 분배를 잘 할 것.

 말띠: 변화를 거부하거나 현실에 안주하려는 태도보다는 도전적인 자세를 취하는 것이 좋음.

 양띠: 타인에게 도움을 요청하는 것도 좋은 방법임.

 원숭이띠: 포기하고 싶더라도 그저 생각에서만 그칠 것. 이 또한 다 지나가리라.

 닭띠: 격한 운동은 삼가는 것이 좋음.

 개띠: 기운이 상당히 저하되어 있기 때문에 충분한 휴식이 필요함.

돼지띠: 건강운이 강하기 때문에 피로감을 쉽게 느끼지 못하니 평소 미뤄 왔던 것들을 추진하는 것도 좋음.

○— 행운의 식물: 수국 —

인생의 문제와 해결은

누구와 함께하느냐에
달려 있다.

쥐띠: 말 한마디로 아군과 적군이 생길 수 있으니 언행에 주의할 것.

 소띠: 타인을 위해 본인을 희생하지 말 것.

 호랑이띠: 공사 구분을 명확히 해야 할 때.

토끼띠: 정신적인 스트레스를 많이 받을 수 있으니 멘탈 관리를 잘

       하는 것이 좋음.

 용띠: 큰 것에 신경 쓰느라 작은 것을 놓칠 수 있는 하루.

 뱀띠: 오늘 하루는 상갓집 방문을 자제하는 것이 좋음.

 말띠: 불필요하거나 무리한 부탁을 받을 수 있으며 이를 좋게

       거절하는 것이 중요함.

양띠: 본인의 의견을 내세우기보다는 다른 사람의 의견에 귀

       기울이는 것이 실수를 예방할 수 있음.

원숭이띠: 다른 사람에게 시기, 질투를 받을 수 있으니 겸손한 자세를

       유지할 것.

닭띠: 그동안 노력했던 성과를 충분히 보상받을 수 있음.

개띠: 외식이 잦을 수 있으나, 이로 인하여 위장에 탈이 생길 수

       있으므로 주의할 것.

돼지띠: 결과에 너무 신경 쓰지 말고 전체적인 흐름을 살필 것.

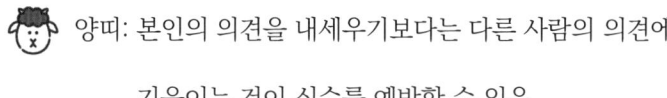

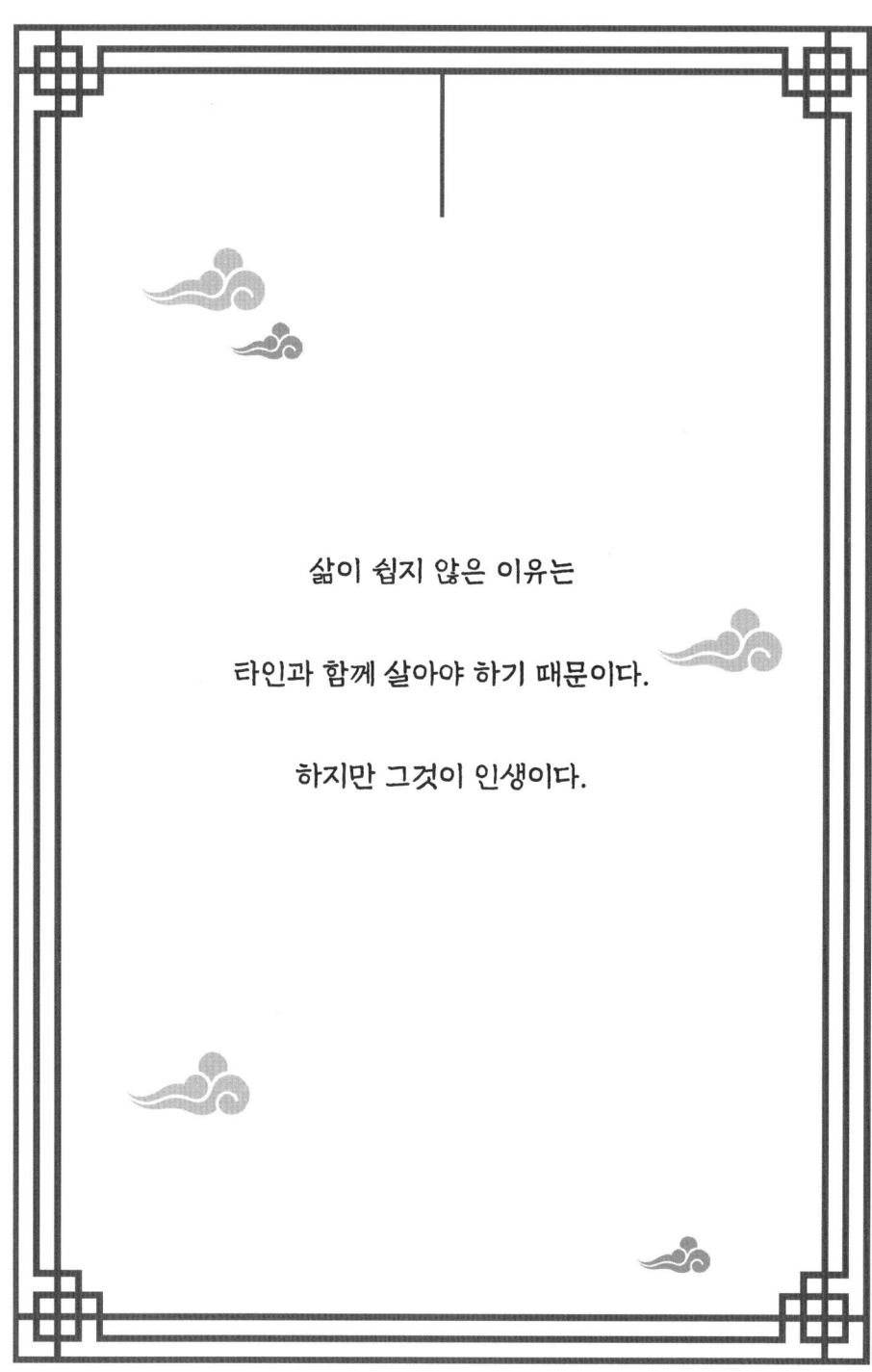

삶이 쉽지 않은 이유는

타인과 함께 살아야 하기 때문이다.

하지만 그것이 인생이다.

쥐띠: 얻는 것은 없는데 몸만 피곤해질 수 있으니 에너지를 아끼는 것이 좋음.

 소띠: 억울한 일이 생길 수 있으니, 무조건적인 승낙은 하지 않는 것이 좋음.

 호랑이띠: 금전 문제로 다툼이 일어날 수 있음.

 토끼띠: 몸이 힘들어도 득이 많으니 부지런히 움직이는 것이 좋음.

 용띠: 남의 의견에 휩쓸리지 말고 오늘은 본인의 고집을 내세우는 것이 좋음.

 뱀띠: 예상치 못한 이득이 생길 수 있음.

 말띠: 확신이 없을 땐 잠시 멈추는 것도 좋은 방법 중 하나.

 양띠: 가까운 사이일수록 문제가 발생할 수 있으니 예의를 갖출 것.

 원숭이띠: 애정운이 강한 하루.

 닭띠: 최근에 알게 된 사람과 좋은 관계로 이어 나갈 수 있도록 노력하면 좋은 결과를 가져올 수 있음.

 개띠: 편견 때문에 귀인을 놓칠 수 있으니 열린 사고를 가지는 것이 좋음.

 돼지띠: 때로는 솔직한 것보다 숨기는 것이 이득일 수 있음.

○― 행운의 시간: 자시(23시~01시) ―

진심은
눈에 보이지 않지만

마음이 통한다면
진심만큼 잘 보이는 것은 없다.

쥐띠: 가족들의 건강이 약화될 수 있으니 유의할 것.

 소띠: 재물운이 강하게 들어옴.

 호랑이띠: 큰 계약을 성사시킬 수 있으니 평소 계획한 것이 있다면 도전해 보는 것도 좋음.

 토끼띠: 나의 치부를 들킬 수 있으니 언행에 주의할 것.

 용띠: 섣부른 판단이 큰 손실을 가져올 수 있음.

 뱀띠: 섣부른 말 한마디가 큰 손해를 일으킬 수 있음.

 말띠: 나의 노력을 누군가가 가로챌 수 있음.

 양띠: 평소 약한 부분이 강하게 드러나니 평소보다 더 노력하는 것이 좋음.

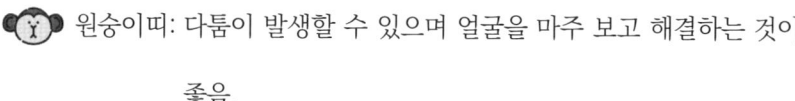 원숭이띠: 다툼이 발생할 수 있으며 얼굴을 마주 보고 해결하는 것이 좋음.

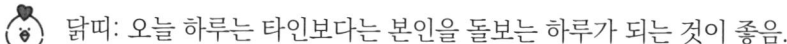 닭띠: 오늘 하루는 타인보다는 본인을 돌보는 하루가 되는 것이 좋음.

개띠: 작은 일에 연연해하다 큰일을 놓칠 수 있으니 대를 위해 소를 희생해야 함.

돼지띠: 구설수가 있으니 행동을 조심할 것.

○─ 행운의 나이: 64년생, 78년생, 83년생, 99년생 ─

남들이 나의 마음을 몰라주는 것을
속상해하기 전에

정작 본인은 다른 사람의 마음을
알고 있는지 돌아보아라.

쥐띠: 가족들의 건강을 챙겨 볼 것.

 소띠: 인정을 받기 위해서는 그만큼 움직여야 함.

 호랑이띠: 마음의 여유 없이 바쁘게 지내겠으나 특별한 성과는 없을 수 있으니 너무 조급해하지 말 것.

 토끼띠: 뜻하지 않은 사고수가 있으니 행동을 조심할 것.

 용띠: 대인운이 좋지 못하니 다른 사람들과의 만남은 피하는 것이 좋음.

 뱀띠: 쓰는 만큼 돌아오니 적당한 지출을 해도 좋음.

 말띠: 이동수가 있으나 나쁘지 않으니 고려해 보는 것도 좋음.

 양띠: 오늘따라 예민하여 신경질적인 기분이 들 수 있으니 주의해야 함.

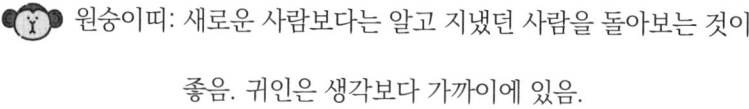 원숭이띠: 새로운 사람보다는 알고 지냈던 사람을 돌아보는 것이 좋음. 귀인은 생각보다 가까이에 있음.

닭띠: 차분하게 생각 정리를 하는 것이 좋음. 생각지 못했던 문제의 해답을 얻을 수 있음.

개띠: 구설수가 강하니 불필요한 언행은 삼가는 것이 좋음.

돼지띠: 갈등수가 있으니 현명한 처신이 필요함.

○─ 행운의 월생: 7월 ─

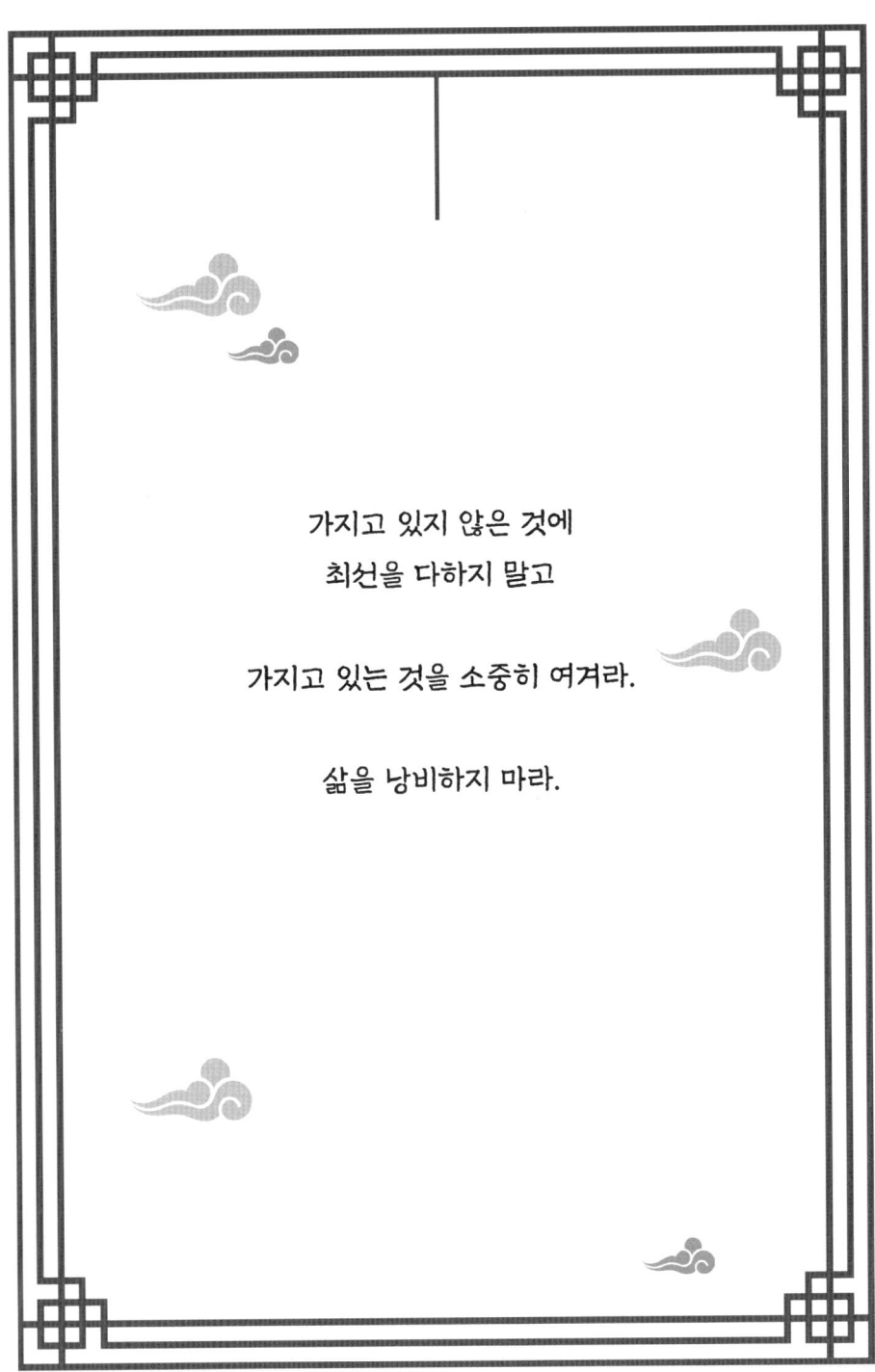

가지고 있지 않은 것에
최선을 다하지 말고

가지고 있는 것을 소중히 여겨라.

삶을 낭비하지 마라.

쥐띠: 가족들의 건강이 약화될 수 있으니 유의할 것.

 소띠: 동물에게서 기운을 받을 수 있음.

 호랑이띠: 금전적으로 손해가 있을 수 있음.

 토끼띠: 가급적이면 휴식을 취하는 것이 좋음.

 용띠: 섣부른 판단이 큰 손실을 가져올 수 있음.

 뱀띠: 급하게 행동하면 오히려 손해를 불러일으키니 침착할 것.

 말띠: 마무리할 때 운이 강하게 실리는 날이므로 본인이 일의 매듭을 짓는 것이 좋음.

 양띠: 상대방의 의견에 귀를 기울이는 태도가 필요함.

 원숭이띠: 사고수가 있으니 행동을 조심할 것.

 닭띠: 괜한 짜증이 늘 수 있으나, 다른 사람에게 영향이 가지 않도록 주의해야 함.

 개띠: 기운이 상당히 높아 평소 해결되지 않았던 일들에 대한 해결점이 보임.

 돼지띠: 대인운이 좋지 못하여 다툼이 발생할 수 있음.

— 행운의 아이템: 젓가락 —

삶의 무게는 모두 비슷하다.

나만 무겁게 사는 거라 착각하지 마라.

모두 말은 안 하고 있지만
그들도 무겁다.

다만,
그 무게에 익숙해져서
말을 안 하고 있을 뿐이다.

쥐띠: 금전적인 피해를 입을 수 있음.

 소띠: 특별한 어려움 없는 하루.

 호랑이띠: 소소한 이득이 발생할 수 있음.

 토끼띠: 크고 작은 다툼이 생길 수 있음.

 용띠: 모임 자리가 있다면 반드시 참석하는 것이 좋음.

 뱀띠: 다른 사람에게 질투나 시기가 생길 수 있으나 이를 티 내지 않는 것이 좋음.

 말띠: 좋은 기운이 강하니 오늘 하루를 기대해 보아도 좋음.

 양띠: 새로운 변화가 생길 수 있으나, 좋은 징조이니 흔쾌히 변화를 받아들이는 것이 좋음.

 원숭이띠: 기대하지 못한 곳에서 뜻밖의 좋은 소식이 들려옴.

 닭띠: 대인운이 좋으니 사람을 가까이하고 많은 이야기를 나누는 것이 이로움.

 개띠: 풀리지 않았던 고민거리가 해결될 실마리가 보임.

 돼지띠: 호흡기 질병이 생길 수 있으니 주의할 것.

o— 행운의 활동: 달리기 —

모든 일을 바로 보아라.

나의 감정이나 느낌 때문에
'사실'을 왜곡하지 마라.

쥐띠: 새로운 일은 추진하지 않는 것이 좋음. 변화를 경계하라.

 소띠: 주변 사람들을 돌아보고 챙길 것. 추후 귀인이 되어 나에게 도움이 될 수 있음.

 호랑이띠: 예상치 못한 사람에게서 보살핌을 받을 수 있음.

 토끼띠: 상사 혹은 윗사람과의 마찰이 발생할 수 있음.

 용띠: 새로운 변화가 도움이 될 수 있음.

 뱀띠: 이성과의 마찰이 있으니 되도록 피하는 것이 좋음.

 말띠: 자신의 속내를 있는 그대로 내비치지 않는 것이 좋음.

 양띠: 실수로 다칠 수 있으니 주의가 필요함.

 원숭이띠: 돈거래를 한다면 손해를 볼 수 있으니 가급적 진행하지 않는 것이 좋음.

 닭띠: 건강운이 약하니 평소 질병이 있다면 각별히 주의할 것.

 개띠: 긍정의 기운이 강하니 오늘 하루를 기대해 보아도 좋음.

 돼지띠: 의도치 않은 부상이 생길 수 있으니 행동을 조심할 것.

○─ 행운의 순간: 운전 ─

결과에 집착하면

과정은 변질된다.

쥐띠: 평소 머무르는 곳에서 최대한 멀리 나가는 것이 좋음.

 소띠: 고민거리가 늘고 심란할 수 있으니 이를 다른 화제로 전환하는 것이 좋음. 예를 들면 청소.

 호랑이띠: 쉽게 도전하지 못했던 일을 오늘 도전해 보는 것도 좋음.

 토끼띠: 문서운이 강하게 들어오니 문서 관련 업무나 거래를 진행하는 것도 좋음.

 용띠: 모임이 있다면 오늘만큼은 거절하거나 다른 날짜로 미루는 것이 좋음.

 뱀띠: 잔실수가 크게 부풀려질 수 있으니 꼼꼼하게 살펴볼 것.

 말띠: 가족 간의 불화가 발생할 수 있으니 주의할 것.

 양띠: 저녁부터 기운이 급격하게 떨어지니 가급적 일찍 귀가하는 것이 좋음.

 원숭이띠: 새로운 사람과의 만남이 기대되는 하루.

 닭띠: 뜻하지 않은 곳에서 좋은 소식이 들려올 수 있음.

 개띠: 평소 자주 갔던 곳에서 행운을 기대할 수 있음.

 돼지띠: 섣불리 행동했다가 큰 화를 입으니 행동에 주의할 것.

○─ 행운의 귀인: 친구 ─

두려움을 이겨 낼 줄 아는 사람이

용감하고 담대한 사람이다.

쥐띠: 본인의 고민거리를 타인에게 이야기하는 것도 좋음.

 소띠: 양의 기운이 강하니 새로운 도전을 해 보는 것도 좋음.

 호랑이띠: 주사위는 던져졌으니 조급해하지 말 것.

 토끼띠: 의도치 않게 대화 속에서 오해가 발생하여 관계가 틀어질 수 있으니 주의할 것.

 용띠: 주변 사람들의 도움으로 재물을 얻을 수 있음.

 뱀띠: 적이라고 생각했던 사람이 오히려 아군일 수 있다.

 말띠: 기대했던 일에 실망을 할 수 있음.

 양띠: 평소 다녔던 길보다는 새로운 길로 다녀 보는 것을 추천함.

원숭이띠: 다양한 장소를 방문하기보다는 한 가지의 장소를 고수하는 것이 좋음.

닭띠: 가족 중 다칠 수 있는 사고수가 있기에 주의하라고 알려 주는 것도 좋음.

개띠: 고민거리가 있다면 누군가에게 털어놓는 것도 좋은 방법. 뜻밖의 해결 방법을 찾을 수 있음.

돼지띠: 물이 있는 곳으로 가는 것이 좋음.

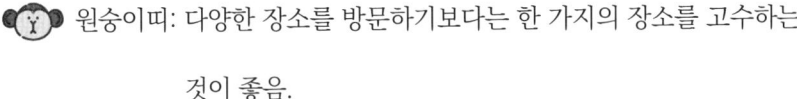

― 행운의 장소: 식당 ―

사람을 잃지 마라.

그러면 인생을 헤매게 된다.

쥐띠: 문서운이 좋지 않으니 관련 업무는 다음으로 미루는 것이 좋음.

 소띠: 대인 관계에 문제가 생길 수 있으니 주의할 것.

 호랑이띠: 믿었던 사람에게서 배신을 당할 수 있음.

 토끼띠: 평소 하고 싶었던 일을 추진해 보는 것도 좋음.

 용띠: 사소한 배려가 큰 행운으로 돌아옴.

 뱀띠: 마음의 여유를 가지고 행동하는 것이 좋음.

 말띠: 이동수가 있으며 새로운 기회에 대한 기대를 해도 좋음.

 양띠: 당장 눈앞의 이익을 좇다 큰 이익을 놓칠 수 있음.

 원숭이띠: 가까운 사람과 다툴 수 있으니 언행에 주의할 것.

 닭띠: 예상하지 못했던 분야에서 연락이 온다면 응하는 것도 좋음.

 개띠: 평소 친하게 지냈던 사람들과의 만남을 추진해 보는 것이 좋음.

 돼지띠: 자만하지 말고 겸손할 것.

○― 행운의 아이템: 목걸이 ―

강한 사람은
자기를 죽일 줄 아는 사람.

현명한 사람은
적을 벗으로 삼을 줄 아는 사람.

쥐띠: 추진해 왔던 일에 가속도가 붙으니 평소 해결되지 않았던

문제들을 직면해 보는 것도 좋음.

 소띠: 금전 거래는 하지 않는 것이 좋음.

 호랑이띠: 사람들과 어울리는 것이 기운을 상승시키는 데 좋음.

 토끼띠: 급할수록 돌아가라. 기다릴 줄 아는 용기도 필요함.

 용띠: 평소보다 체력 저하를 느끼기 쉬우니 무리한 활동을 자제할 것.

 뱀띠: 여러 제안이 들어온다면 거절하는 것이 좋음.

 말띠: 노력한 만큼 성과가 돌아오지 않으니 기대하지 않는 것이 좋음.

 양띠: 만나는 사람들에게 최대한 호의를 베푸는 것이 좋음.

 원숭이띠: 그동안 소원했던 사람들과의 관계가 회복될 수 있음.

 닭띠: 융통성이 필요한 하루.

 개띠: 구설수가 있으며 인간관계의 불화가 예상되니 가급적 말을

아낄 것.

 돼지띠: 몸의 온도를 조절하지 못하면 잔병치레를 할 수 있으니

유의할 것.

○— 행운의 숫자: 5 —

때로는
놓아 버리고
흘려보낼 줄 알아야 한다.

쥐띠: 도움을 받기보다는 도움을 주어야 하는 하루가 되더라도 싫은 내색을 하지 않는 것이 좋음.

 소띠: 건강운이 좋아 평소 아팠던 곳이 호전되는 느낌을 받을 수 있음.

 호랑이띠: 연락이 뜸했던 지인들과의 만남을 추진해 보는 것도 좋음.

 토끼띠: 스트레스가 극에 달할 수 있으니 멘탈 관리를 할 것.

 용띠: 안정적인 기운이 맴도니 무탈한 하루가 될 것.

 뱀띠: 새로운 변화가 의외의 좋은 결과를 불러일으킴.

 말띠: 예상치 못한 지출이 생길 수 있음.

 양띠: 본인의 기분보다는 다른 사람의 기분을 살피는 것이 중요함.

 원숭이띠: 실망하는 일이 생길 수 있으니 낙심하지 말 것.

 닭띠: 뜻하지 않은 오해를 받을 수 있으며 이를 적극 해명할 필요가 있음.

 개띠: 말 한마디로 천 냥 빚을 갚을 수 있음을 명심할 것.

 돼지띠: 평소 잘 가꾸어 놓았던 인적 자산이 빛을 발함.

○― 행운의 띠: 닭띠 ―

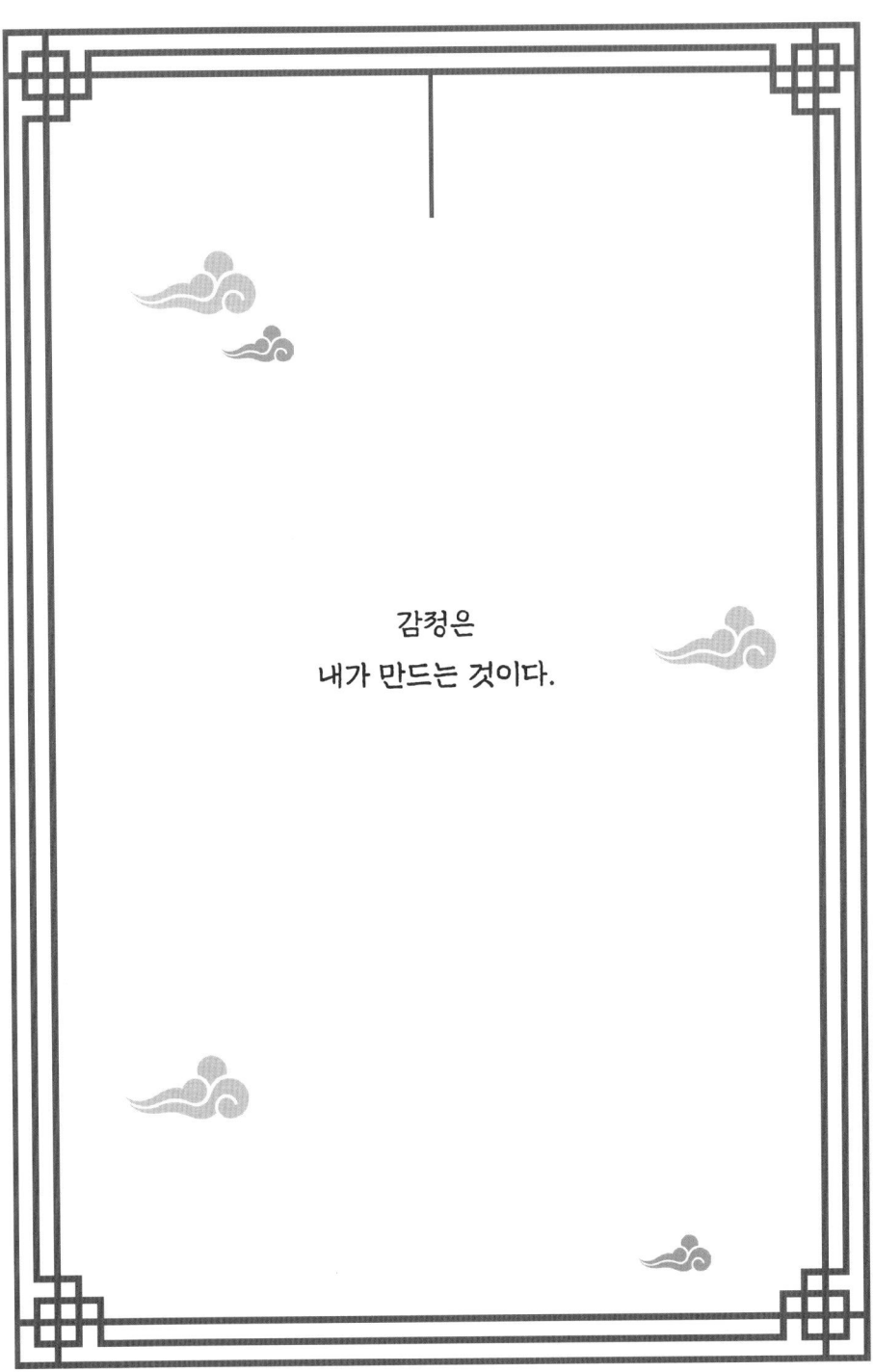

감정은
내가 만드는 것이다.

쥐띠: 컨디션이 좋지 못하니 건강관리에 유의할 것.

 소띠: 주변의 조언보다는 소신대로 행동할 것.

 호랑이띠: 자신의 뜻대로 하루가 흘러가니 기대해도 좋음.

 토끼띠: 가벼운 감기나 두통 같은 질병이 발생할 수 있음.

 용띠: 갈등이 해소될 수 있으며 풀리지 않았던 일도 무난하게 해결될 수 있음.

 뱀띠: 기운이 좋으니 욕심을 부려도 좋음.

 말띠: 연인 혹은 주변 사람들과 다툼으로 인해 관계가 끊어질 수 있음.

 양띠: 새로운 만남에서 기회를 얻을 수 있음.

 원숭이띠: 동성보다는 이성에게 큰 도움을 받을 수 있음.

 닭띠: 주변 사람들의 도움을 받는 하루.

 개띠: 운세의 흐름이 변덕스러우니 인내심을 가질 것.

 돼지띠: 추후 도움이 될 수 있으니 오늘의 아이디어를 반드시 기록할 것.

○─ 행운의 음식: 상추 ─

늘 잊지 말아야 할 것.

'초심'

쥐띠: 평소 연락하지 않았던 사람에게 연락이 올 수 있으나 좋은 소식은 아니니 기대하지 말 것.

 소띠: 매매운이 좋으니 투자나 거래를 추진하기 좋음.

 호랑이띠: 주변 사람의 의견으로 혼란스러울 수 있으나 끝까지 소신대로 결정하는 것이 중요함.

 토끼띠: 높은 능률과 최상의 결과를 기대해도 좋음.

 용띠: 머리가 개운하니 평소 하지 못했던 일들을 추진해 보는 것도 좋음.

 뱀띠: 새로운 사람을 만날 수 있으며 좋은 인연으로 예상됨.

 말띠: 오늘 하루는 술자리를 자제할 것.

 양띠: 호흡기가 약하니 주의할 것.

 원숭이띠: 새로운 장소나 사람을 만나는 것이 좋음.

 닭띠: 억지로 자리에 앉아 있기보다는 새로운 곳이나 새로운 사람을 만나는 것이 좋음.

 개띠: 과유불급. 욕심내지 말 것.

 돼지띠: 조급함이 오히려 일을 망치니 차분한 마음가짐이 중요함.

○― 행운의 동물: 검은 고양이 ―

불행의 무게를 잴 때는
내가 흘린 눈물을 올리고

행복의 무게를 잴 때는
나의 모든 것을 올려라.

쥐띠: 기운이 불안정하여 이유 없이 짜증이 늘고 답답할 수 있음.

 소띠: 다양한 분야의 사람과의 만남이 기운을 상승시키는 데 도움을 줌.

 호랑이띠: 상갓집에 가야 할 일이 있을 수 있으니 준비할 것.

 토끼띠: 구설수의 중심이 될 수 있으니 행동에 각별히 주의할 것.

 용띠: 실내보다는 실외에 있는 것이 좋음.

 뱀띠: 노력한 만큼 결과가 돌아오니 그 이상의 성과는 기대하지 않는 것이 좋음.

 말띠: 손, 발의 부상이 있을 수 있으니 행동에 유의할 것.

 양띠: 기운이 좋으니 자신감을 가질 것.

 원숭이띠: 불필요한 지출이 발생할 수 있음.

 닭띠: 고생 끝에 낙이 온다.

 개띠: 타인의 말을 따라서 투자나 결정을 하지 말 것.

 돼지띠: 재물의 흐름이 좋은 방향으로 흘러가기 시작하니 여유로운 마음을 가질 것.

○─ 행운의 단어: 만남 ─

나의 인연과 상황에는
이유가 있다.

행복한 이유.
힘든 이유.

모든 것에는 이유가 있다.

쥐띠: 나의 힘듦을 주변인들에게 알리지 말 것.

 소띠: 주변 사람들의 사탕발림을 주의할 것.

 호랑이띠: 대인 관계의 운이 좋지 못하여 관계가 끊어질 수 있음.

 토끼띠: 음의 기운이 강하니 오늘 하루 행동을 조심할 것.

 용띠: 새로운 도전을 해 보는 것도 좋음.

 뱀띠: 정신없이 바쁘나 실속은 챙기지 못하는 하루.

 말띠: 호의로 시작한 행동이 오해를 불러일으킬 수 있음.

 양띠: 불필요한 지출이라고 생각할 수 있으나 미래에 대한 투자라고 생각하고 지출해야 하는 일이 있다면 기꺼이 지출하는 것이 좋음.

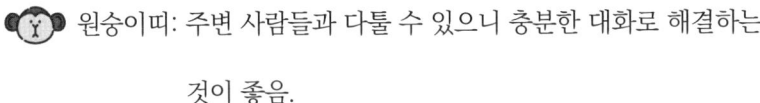 원숭이띠: 주변 사람들과 다툴 수 있으니 충분한 대화로 해결하는 것이 좋음.

 닭띠: 타인에게 도움을 요청하는 것도 해결 방법 중 하나.

개띠: 수면 부족으로 인한 두통이 생길 수 있으니 수면 관리에 신경 쓸 것.

돼지띠: 과유불급을 기억할 것.

― 행운의 색: 하얀색 ―

걱정한다고
불안하다고
해결될 것 없다.

걱정과 불안은

지금의 기운을
빼앗아 갈 뿐이다.

쥐띠: 아침의 기운이 좋지 못하며 점심이 지나서야 운의 흐름이 바뀜.

 소띠: 기분 전환이 필요함. 잠깐 시간을 내어 회복에 집중해 볼 것.

 호랑이띠: 평소보다 피로감이 적게 느껴질 수 있으니 에너지 발산을 하는 것이 좋음.

 토끼띠: 자신감과 용기를 얻게 될 테니 자신을 믿어 볼 것.

 용띠: 가식적인 행동은 결국 탄로 나는 법.

 뱀띠: 행운의 여신은 그대의 편.

 말띠: 무난한 하루가 될 것.

 양띠: 하나에 빠져 있지 말 것. 주변에 실질적으로 이득이 될 수 있는 일을 찾아볼 것.

 원숭이띠: 음주를 하게 된다면 사고수가 있으니 가급적 술은 자제할 것.

닭띠: 개인적인 일들은 미루는 것이 좋음.

개띠: 학업, 시험운이 대길하니 관련 업무가 있다면 기대해도 좋음.

돼지띠: 소화기관이 불안정하니 과식은 절대 금물.

○― 행운의 달: 4월 ―

감사하는 마음도
훈련을 해야

자연스럽게 나온다.

쥐띠: 괴롭히던 분쟁이 가라앉을 수 있으니 스트레스 또한 해소될 수 있음.

소띠: 진실되고 겸손한 모습을 갖출 것.

 호랑이띠: 돌에 걸려 크게 넘어질 수 있듯 작은 일이 큰 스트레스로 다가올 수 있음.

 토끼띠: 새로운 사람을 조심하라.

용띠: 이동 중 만나는 사람과의 인연을 신경 쓸 것.

 뱀띠: 몸살이 날 수 있으니 체력 분배에 신경 쓸 것.

 말띠: 신중히 판단하고 결정하라.

 양띠: 때로는 단기적인 만남이 이로움.

 원숭이띠: 무리한 음주는 삼가는 것이 좋음.

 닭띠: 가는 곳마다 운이 따르니 기대해도 좋은 하루.

 개띠: 뜻밖의 장소에서 기회가 찾아오니 반드시 잡을 것.

 돼지띠: 먼저 인정하고 사과하면 더 큰 화를 면할 수 있음.

— 행운의 귀인: 어린아이 —

익숙함과 편안함이 당연해지면

인연의 굵기는
얇아진다.

쥐띠: 소소한 지출을 하는 것이 좋음.

 소띠: 휴식이 필요함.

 호랑이띠: 사고수가 있으니 차량을 각별히 조심할 것.

 토끼띠: 조급한 마음이 드니 실수가 잦음. 침착함을 유지할 것.

 용띠: 즉흥적인 행동을 삼갈 것.

 뱀띠: 분쟁이 발생한다면 반드시 중립을 지킬 것.

 말띠: 먼저 베푸는 마음이 있어야 대인 관계가 좋아짐.

 양띠: 사람을 끌어당기는 운이 있으니 이를 잘 활용할 것.

 원숭이띠: 여러 사람의 신뢰를 얻어 낼 수 있음.

 닭띠: 새로운 사람과의 술자리를 가지는 것도 좋음.

 개띠: 가급적 외출을 자제할 것.

 돼지띠: 욕심은 결국 나에게 상처를 입힐 수 있음.

○— 행운의 아이템: 금 액세서리 —

집착은 쓰레기다.

쓰레기는 버려야 한다.

쥐띠: 새로운 사람을 만날 수 있으나 속내는 내비치지 말 것.

 소띠: 이성과 관련하여 구설수에 오를 수 있으니 최대한 외부 활동을 자제할 것.

 호랑이띠: 거친 풍파가 예상되니 적극적으로 대처하기보다는 지나가기를 기다리는 것이 좋음.

 토끼띠: 좋은 일이 생기더라도 입 밖으로 꺼내지 말 것.

 용띠: 최대한 빨리 집으로 귀가하는 것이 좋음.

 뱀띠: 본인의 의견보다는 다른 사람의 의견에 따르는 것이 좋음.

 말띠: 지인들과 서로에 대한 오해가 생길 수 있음.

 양띠: 지나가던 사람과 부딪혀도 크게 다칠 수 있으니 사람을 조심할 것.

 원숭이띠: 무리수가 있는 행동은 하지 말 것.

 닭띠: 나의 태도에 따라 결과가 달라질 수 있음.

 개띠: 자기주장을 고집하기보다는 대중의 의견을 따르는 것이 좋음.

 돼지띠: 자신감을 가져라.

○─ 행운의 색: 분홍색 ─

나를 바꿔야
내일이 달라진다.

쥐띠: 평소의 노력이 현실에 반영되는 순간이 발생함.

 소띠: 새로운 일을 추진한다면 다음으로 미루는 것이 좋음.

 호랑이띠: 다툼이나 분쟁이 발생하면 즉시 대화를 통해 해결할 것.

 토끼띠: 머리와 몸 모두 상쾌한 기분이니 넘치는 의욕으로 일을 처리해도 좋은 결과가 따름.

 용띠: 나의 행동에 오해가 생길 수 있으니 주의할 것.

 뱀띠: 투자나 매매를 진행한다면 큰 위험이 발생함.

 말띠: 되도록 여행이나 먼 길을 떠나 보는 것이 좋음.

 양띠: 타인을 배려하면 그것이 곧 자신에게 돌아온다는 것을 기억할 것.

 원숭이띠: 하루 종일 기쁜 일이 끊이지 않을 것.

 닭띠: 가까이에 있는 지인을 챙겨 볼 것.

 개띠: 생각하고 행동할 것.

 돼지띠: 마음의 평정심을 유지하라.

○─ 행운의 활동: 벤치에 앉기 ─

한때 눈물로 얼룩졌던 날들이

아름다운 이야기로 바뀌는 날이 온다.

쥐띠: 물가에 가는 것은 절대 금물.

 소띠: 충동적인 행동은 절대 금물.

 호랑이띠: 나의 능력을 인정해 주는 사람이 나타날 것.

 토끼띠: 감정적으로 예민해질 수 있으니 여유를 가질 것.

 용띠: 주변의 말에 휩쓸리지 말고 본인의 생각을 밀고 나갈 것.

 뱀띠: 안 좋은 일에 대해서 최대한 많이 내뱉는 것이 좋음.

 말띠: 오른손이 하는 일을 왼손이 모르게 하라.

 양띠: 새로운 만남이나 집단의 만남을 추천함.

 원숭이띠: 조언이 필요하다면 그 일과 관계없는 사람에게 구하라.

 닭띠: 갚아야 할 것이 있다면 최대한 빠르게 갚을 것.

 개띠: 구설수의 중심이 될 수 있으니 각별히 언행에 주의할 것.

 돼지띠: 대인 관계를 정리하는 것이 필요함.

○─ 행운의 시간: 해시(21시~23시) ─

나의 발걸음을 되돌아봐라.

단,
후회는 하지 말 것.

쥐띠: 구설수가 있어 싸움에 말려들 수 있으니 가급적 행동을 신중하게 할 것.

 소띠: 약속을 절대로 어기지 말 것.

 호랑이띠: 윗사람이나 스승에게 전화를 한다면 좋은 소식이 들려올 수 있음.

 토끼띠: 가급적 외출을 삼가는 것이 좋음.

 용띠: 뜻밖의 보은을 받게 되니 기대해도 좋음.

 뱀띠: 새로운 만남을 시도해 보는 것이 좋음.

 말띠: 기회가 찾아오니 반드시 잡을 것.

 양띠: 환기를 하며 대청소를 해 보는 것도 좋음.

 원숭이띠: 최대한 말을 삼갈 것.

 닭띠: 오랫동안 알고 지낸 지인에게 보답해 보는 것도 좋음.

개띠: 달콤한 말을 가장 경계하라.

돼지띠: 초심을 잊지 말 것.

○─ 행운의 음식: 물 ─

생각이 번져 가는 것은
집착에 빠졌다는 것.

생각을 버려라.

쥐띠: 작은 실수가 큰 화를 불러올 수 있으니 조심할 것.

 소띠: 다툼이나 분쟁을 다른 사람에게 전달하지 말 것.

 호랑이띠: 오늘만큼은 자신을 내려놓고 새로운 모습으로 사람들을 대하는 것이 좋음.

 토끼띠: 책임져야 하는 일이 생길 수 있음.

 용띠: 상대방에게 먼저 다가갈 것. 원하는 것을 얻을 수 있음.

 뱀띠: 새로운 장소에 가 보는 것이 좋음.

 말띠: 약속은 반드시 지킬 것.

 양띠: 움직일 수 있을 때 최대한 움직일 것.

 원숭이띠: 새로운 만남을 위해 노력할 것.

 닭띠: 귀인이 와도 알아보지 못하니 신경을 곤두세우고 있을 것.

 개띠: 재주는 곰이 넘고 돈은 되놈이 받는다. 나의 노력을 엉뚱한 사람이 채가더라도 너무 마음 상해하지 말 것.

 돼지띠: 믿었던 사람에게서 실망스러운 소식이 들려올 수 있음.

○— 행운의 장소: 카페 —

매사에 감사해라.

쥐띠: 큰 욕심을 부리지 말 것.

 소띠: 재물운이 약하여 불필요한 지출이 생김.

 호랑이띠: 돈보다 사람이 귀하다.

 토끼띠: 때로는 뇌물을 이용하는 것도 방법.

 용띠: 부지런히 움직이는 만큼 얻을 수 있음.

 뱀띠: 저녁 이후 운의 기운이 강하게 들어오니 오늘만큼은 늦게까지 활동해 보는 것이 좋음.

 말띠: 나의 편이라고 생각했던 사람이 등을 돌릴 수 있음.

 양띠: 최대한 생각하고 움직이는 것이 좋음. 신중할 것.

 원숭이띠: 자신감을 가져라.

 닭띠: 행운이 오늘 함께할 것.

 개띠: 새로운 만남이나 술자리를 가지는 것이 좋음.

 돼지띠: 최대한 밝은 옷을 입고 외출할 것.

○─ **행운의 아이템: 검은색 신발** ─

가만히 앉아
바람이 잦아들기를 기다리지 마라.

쥐띠: 본인의 속마음을 터놓고 말하지 말 것.

 소띠: 흙을 많이 밟는 것이 좋음.

 호랑이띠: 구설수가 있으니 언행을 조심할 것.

 토끼띠: 뜻하지 않은 오해를 받을 수 있음.

 용띠: 사소한 일이 하루 종일 머릿속에 맴도니 차분한 마음가짐을 가지는 것이 좋음.

 뱀띠: 술자리는 최대한 피하는 것이 좋음.

 말띠: 불필요한 언쟁은 삼가는 것이 좋음.

 양띠: 감사함은 반드시 표현할 것.

 원숭이띠: 믿는 도끼에 발등을 찍힐 수 있음.

 닭띠: 소화기관이 좋지 않으니 음식 섭취에 유의할 것.

 개띠: 생각이 깊어지면 헤어 나오지 못하니 가볍게 생각할 것.

 돼지띠: 가급적 외출을 자제하는 것이 좋음.

○― 행운의 귀인: 5년 이상 된 지인 ―

불행이 있어야
행복도 있다.

쥐띠: 평소 도전하지 못했던 일에 도전해 보는 것도 좋음.

 소띠: 심리적으로 힘들 수 있음.

 호랑이띠: 도박성이 큰 일은 피하는 것이 좋음.

🐰 토끼띠: 오늘 쌓는 덕이 곱절로 돌아올 것이니, 최소 한 가지 이상의

덕을 쌓는 것이 좋음.

 용띠: 자신감을 가지고 적극적으로 행동한다면 좋은 결과가 있음.

 뱀띠: 몸과 마음은 바쁘나 이득은 따라오지 않음. 에너지를 아끼는

것을 추천함.

 말띠: 작은 것으로 인해 큰 피해를 볼 수 있음.

 양띠: 사람을 많이 만나는 것이 좋음. 많은 사람을 만나는 것이

나에게 기회가 되어 돌아옴.

🐵 원숭이띠: 뜻하지 않은 지인에게서 도움을 받을 수 있음.

🐔 닭띠: 건강 상태에 따라 신중하게 처신하는 것이 중요함.

🐶 개띠: 경쟁 구도가 만들어질 수 있으나 선의의 경쟁이 될 수 있으니

최선을 다해 임할 것.

🐷 돼지띠: 투자는 최대한 피할 것.

○─ 행운의 아이템: 무드 등 ─

꼬여 버린 인연의 실타래를
푸는 방법은

'사랑'과 '은혜'

쥐띠: 다소 애매한 위치에 놓일 수 있으니 유의할 것.

 소띠: 작은 갈등이 발생할 수 있으나 원만히 해결됨.

 호랑이띠: 평소 친하게 지내던 사람과의 약속을 잡는 것을 추천.

뜻밖의 좋은 소식이 들릴 수도 있음.

토끼띠: 얻고자 하면 잃고, 잃고자 하면 얻는다.

 용띠: 나의 감을 믿고 일을 추진하면 좋은 결과를 얻을 수 있으니

자신감을 가질 것.

 뱀띠: 면역력이 떨어지기 쉬우니 컨디션 조절에 유의할 것.

 말띠: 후회할 일을 만들지 말 것.

 양띠: 다툼이나 언쟁이 발생할 수 있으니 행동 처신에 유의할 것.

 원숭이띠: 오늘의 양보가 훗날 큰 무기가 되어 돌아옴.

 닭띠: 기대한 만큼의 성과가 나오지 않을 수 있음.

개띠: 가족이나 지인과 시간을 보내는 것이 도움이 됨.

돼지띠: 자만하지 말 것.

○― 행운의 장소: 화장실 ―

사람은 누구나
자기가 해석한 만큼의 삶을
살아간다.

쥐띠: 상사나 선배에게 꾸지람을 들을 수 있으니 현명한 처신이 필요함.

 소띠: 사소한 소음이 발생할 수 있음.

 호랑이띠: 피로감이 상승하고 괜한 짜증이 발생하기 쉬우니 마음의 여유를 찾을 것.

 토끼띠: 괜한 행동으로 신뢰를 잃기 쉬우니 행동에 유의할 것.

 용띠: 가급적 많은 사람을 만나는 것을 추천함.

 뱀띠: 머리와 몸 모두 상쾌하니 활동하기에 최적의 날.

 말띠: 겸손한 태도를 가질 것.

 양띠: 뜻하지 않은 오해가 발생할 수 있으니 적극적으로 해명하는 것이 좋음.

 원숭이띠: 평소 하지 못했던 과감한 투자를 시행해도 좋음.

 닭띠: 가급적 새로운 일을 벌이지 않는 것이 좋음.

 개띠: 충동구매를 해도 이를 보충할 재물이 들어옴.

 돼지띠: 익숙한 곳보다는 낯선 곳의 방문이 이로움.

○— 행운의 식물: 소나무 —

욕심은
나의 지갑과 주머니를
채울 수 있겠지만

인생 자체를 채울 수는 없다.

쥐띠: 한 가지에만 신경 쓰고 몰두할 것. 여러 가지를 취하려다 모두를 놓치는 수가 있음.

 소띠: 먹을 복이 있으니 어딜 가도 배부를 수 있음.

 호랑이띠: 한 우물만 파는 것이 좋음.

 토끼띠: 새로운 일에 도전해 보는 것도 좋음.

 용띠: 변화와 이동이 발생할 수 있으나 좋은 성과를 나타낼 수 있음.

 뱀띠: 도움받기 좋은 날이니 주변에 도움을 요청하는 것도 좋음.

 말띠: 사고수가 있으니 각별히 유의할 것.

 양띠: 귀인을 만날 수 있으니 평소 연락하지 않았던 지인들에게 연락을 해 보는 것도 좋음.

 원숭이띠: 결과가 좋지 않다면 본인의 노력이 부족했다는 것.

 닭띠: 많은 것을 구하려 하지 않아도 얻을 수 있음.

 개띠: 가까운 지인과의 다툼이 발생할 수 있음.

 돼지띠: 끝까지 책임을 지는 행동을 보이는 것이 훗날 큰 기회가 되어 돌아옴.

○─ 행운의 띠: 뱀띠 ─

아무 실체도 없는 것에
집착하지 마라.

쥐띠: 관절 사용에 주의할 것. 작은 움직임에도 큰 부상이 따를 수 있음.

 소띠: 축하해야 하는 일에는 진심으로 축하해 줄 것. 상대방도 나의 진심과 가식을 분명하게 느낄 것.

 호랑이띠: 차량 사고에 각별히 주의할 것.

 토끼띠: 기운이 좋아 무슨 일이든 잘 풀릴 대성할 하루.

 용띠: 말 한마디가 천 냥 빚을 갚는다. 말조심할 것.

 뱀띠: 상대방의 말을 온전하게 믿지 말고 경계할 것.

 말띠: 평소 알고 지내던 사람에게서 배신을 당할 수 있으니 주의할 것.

 양띠: 좋지 못한 소식이 들려올 수 있음.

 원숭이띠: 말하는 대로 하루가 흘러가니, 오늘은 긍정적인 단어만을 이야기할 수 있도록 신경 쓸 것.

 닭띠: 골치였던 일이 조금씩 해결될 것이니 너무 걱정하지 말 것.

 개띠: 사적인 모임을 너무 길게 가지지 말고 귀가를 빨리 할 것.

 돼지띠: 내 말이 맞다고 밀어붙이지 말고 타인의 이야기에 귀를 기울이는 자세가 필요함.

○― 행운의 활동: 선물 ―

나의 삶은
어떤 색깔로 색칠해 가고 있는가?

쥐띠: 기다렸던 소식이 들릴 수 있음.

 소띠: 해결되지 않는 일을 잡고 있기보다는 잠시 내려놓는 것이 좋음.

 호랑이띠: 오후보다는 오전에 운이 강하게 들어오니, 오늘 하루는

일찍 시작하는 것이 좋음.

 토끼띠: 기분 상하는 일이 생길 수 있음.

 용띠: 뜻하지 않은 재물이 들어오겠으나, 내 것이 아니니 최대한

남에게 베푸는 것이 훗날의 덕을 쌓는 방법.

 뱀띠: 결정적인 순간에는 감정보다는 이성을 따를 것.

 말띠: 혀끝으로 내뱉은 말은 주워 담을 수 없다는 것을 명심할 것.

 양띠: 나의 호의가 오해가 되어 분쟁이 발생할 수 있으니 행동거지에

각별히 주의할 것.

 원숭이띠: 음의 기운이 가득 차니 새로운 도전은 잠시 미룰 것.

 닭띠: 눈에 보이는 것을 다 믿지 말 것.

 개띠: 살던 지역을 벗어나 새로운 지역으로 떠나는 것이 기운 변화에

도움이 됨.

 돼지띠: 힘든 일이 한꺼번에 몰려올 수 있으니 멘탈 관리를 잘 할 것.

○─ 행운의 단어: 느낌 ─

내가 할 수 있는 것.

첫째, 같이 있어 주기.
둘째, 같이 얘기하기.
셋째, 함께 안아 주기.

쥐띠: 계획한 일이 순조롭게 해결될 수 있음.

 소띠: 말보다는 표정과 태도에 신경을 쓸 것.

 호랑이띠: 서두르다 모든 일을 망칠 수 있음.

 토끼띠: 이유 없는 불안함이 가득하니 차분함을 유지하는 것이 좋음.

 용띠: 작은 행동 하나로 큰 오해가 생겨 소문의 주인공이 될 수 있으니 행동에 각별히 주의할 것.

 뱀띠: 손윗사람을 잘 따르는 것이 좋음.

 말띠: 다른 사람의 시기나 모함을 받을 수 있으니 마음을 잘 감추는 것이 중요함.

 양띠: 내뱉은 말에 책임을 져야 하니 언행에 신중할 것.

 원숭이띠: 기대하지 않은 행운이 찾아올 수 있음.

 닭띠: 가만히 있어도 사고가 들어오는 형국이니 가급적 외출을 자제하는 것이 좋음.

 개띠: 작은 일에 의외의 성과를 나타낼 수 있으니 작은 일이라고 쉽게 넘어가지 말 것.

 돼지띠: 새로운 곳의 방문이나 새로운 사람과의 만남은 다음으로 미루는 것이 좋음.

○― 행운의 색깔: 빨간색 ―

내 마음은 내가 지켜야 한다.

쥐띠: 솔직함이 가장 큰 무기. 감추는 것보다는 드러내는 것이 좋음.

 소띠: 직감대로 움직일 것.

 호랑이띠: 손에 쥔 것을 버려야 새로운 것을 쥘 수 있음.

 토끼띠: 분위기에 취해 행동하다 큰 실수를 범할 수 있으니 유의할 것.

 용띠: 먼저 나서서 타인을 돕는다면 그 덕이 나에게로 반드시 돌아옴.

 뱀띠: 자신감이 오만함으로 비치지 않도록 행동에 신경 쓸 것.

 말띠: 가만히 있어도 돈이 새어 나가는 형국이니 가급적 지출을 자제할 것.

 양띠: 남쪽에서 긍정적인 일이 발생할 수 있으니 활발하게 움직여 볼 것.

 원숭이띠: 새롭게 사귄 사람에게 나의 모든 것을 보이지 말 것.

 닭띠: 우연한 만남이 행운이 되니 기대해도 좋음.

 개띠: 논쟁보다는 양보가 유리함.

 돼지띠: 전화위복. 위기가 곧 기회가 될 테니 너무 스트레스 받지 않아도 됨.

○─ 행운의 장소: 주차장 ─

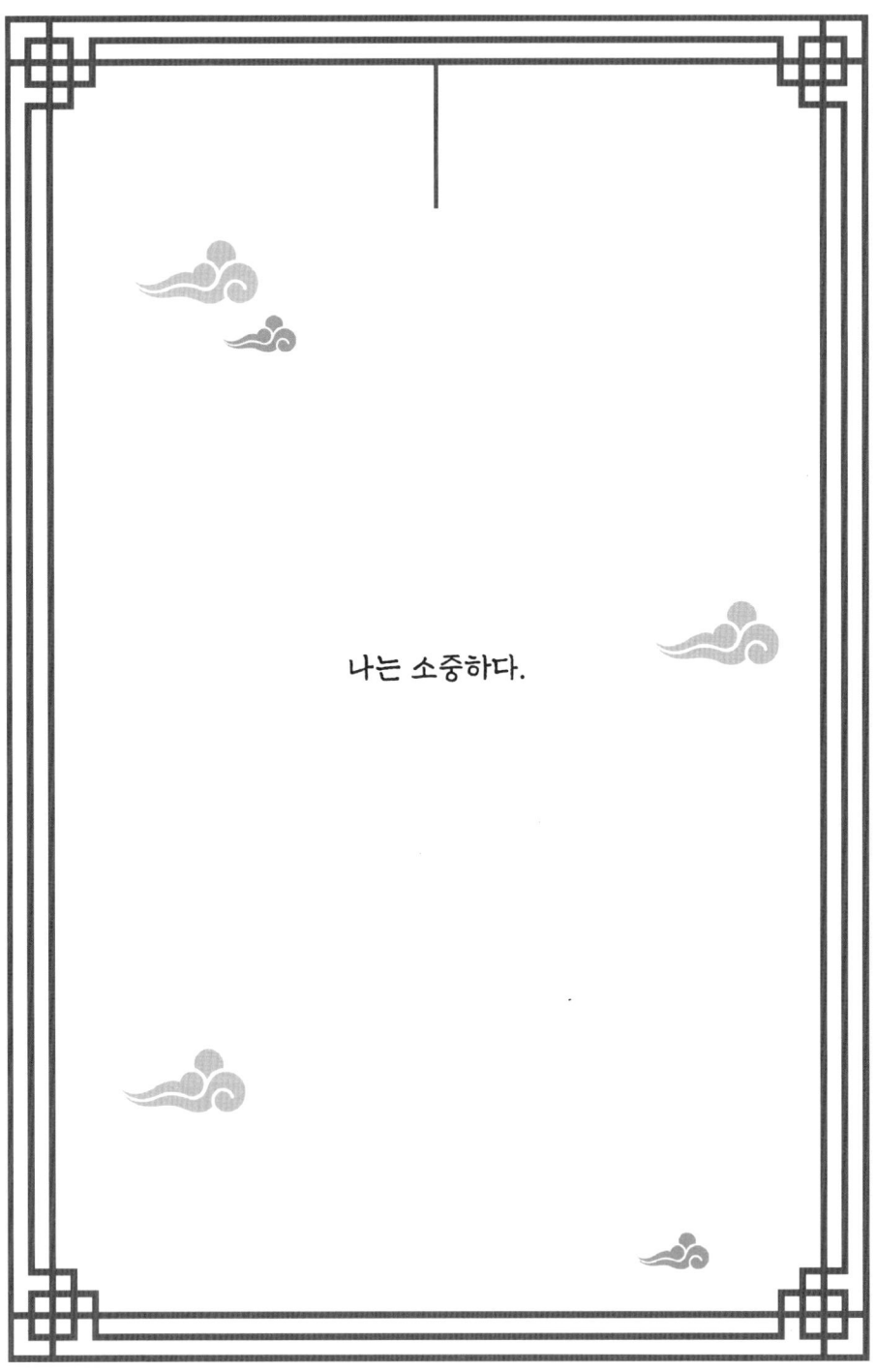

나는 소중하다.

쥐띠: 지나칠 정도로 이것저것 신경이 쓰이는 일이 많음. 정해진 순서대로 차분히 생각 정리를 하는 것이 좋음.

 소띠: 얻는 것이 있다면 그만큼 베푸는 것이 좋음.

 호랑이띠: 겉모습만 보고 판단하면 큰 손실이 따르니 신중할 것.

 토끼띠: 가족의 의견을 절대적으로 반영할 것.

 용띠: 타인의 말을 곧이곧대로 믿지 말고 경계할 것.

 뱀띠: 서두르다 일을 그르치니 침착함을 유지할 것.

 말띠: 술자리에서 의외의 인연을 만나니 회식이나 모임에 참석하는 것이 좋음.

 양띠: 새로운 기회가 있으니 도전해 보는 것도 좋음.

 원숭이띠: 포기해야 하는 것은 깔끔하게 포기하고 잊는 것이 좋음.

 닭띠: 때로는 침묵하는 것이 가장 큰 무기.

 개띠: 선의가 오해가 될 수 있으니 주의할 것.

 돼지띠: 감정이 격해질 수 있으니 조심과 절제가 필요함.

○─ 행운의 동물: 당나귀 ─

그늘이 있어야
밝은 빛이
더 잘 보인다.

쥐띠: 결정하기 어려운 일은 잠시 미루는 것도 방법.

 소띠: 인내심을 가질 것.

 호랑이띠: 오늘의 선택이 큰 결과를 바꾸니 신중할 것.

 토끼띠: 마음이 들떠 일이 손에 잡히지 않으니 마음을 잘 다스리는 것이 중요함.

 용띠: 운이 강하게 들어오니 마음껏 즐겨도 좋음.

 뱀띠: 충동을 억제할 것. 균형과 판단력이 중요함.

 말띠: 돌다리도 두들겨 보고 건너라.

 양띠: 빠른 판단이 어느 때보다 중요함.

 원숭이띠: 에너지가 좋아 좋은 성과를 낼 수 있음.

 닭띠: 돈 때문에 곤란한 일이 발생할 수 있음.

개띠: 즉흥적인 행동이 큰 화를 불러일으키니 침착할 것.

돼지띠: 과유불급. 나의 욕심으로 일이 그르칠 수 있음을 명심할 것.

○─ 행운의 숫자: 7, 8, 13 ─

위기 속 기회
역경 속 의미

발견하는 순간이 행복이다.

쥐띠: 약속 시간을 반드시 엄수할 것.

 소띠: 오늘 쌓는 덕이 훗날 곱절로 돌아오는 것을 기억하고 행동할 것.

 호랑이띠: 체면보다는 실속을 챙겨야 하니 허세나 사치는 금물.

 토끼띠: 이동수가 있으니 유의할 것.

 용띠: 서두르기보다는 침착하게 일을 처리하는 것이 중요함.

 뱀띠: 싸움 중재를 하려다 화살이 나에게로 돌아올 수 있으니 행동에 주의할 것.

 말띠: 듣기 싫더라도 조언을 잘 새겨듣는 것이 좋음.

 양띠: 주변 정리가 필요함.

 원숭이띠: 마음에 들지 않더라도 입 밖으로 꺼내지 말 것.

 닭띠: 동물(특히 길고양이)에게 친절을 베풀 것.

 개띠: 경쟁이나 싸움을 두려워하지 말 것.

 돼지띠: 문서상 손해가 있을 수 있으니 중요한 거래는 다음으로 미루는 것이 좋음.

○─ 행운의 나이: 45년생, 62년생, 83년생, 87년생, 94년생 ─

오늘
단 한 사람의 마음이라도
보듬었다면

오늘은 결코 헛되지 않을 것이다.

쥐띠: 일을 벌이기만 하고 해결은 되지 않으니 우선순위를 정하는 것이 급선무.

 소띠: 사사로운 감정을 앞세우다 일을 그르칠 수 있음.

 호랑이띠: 새롭게 사귄 사람이 나에게 이득이 될 수 있으니 친절함을 베풀 것.

 토끼띠: 역지사지의 자세가 필요함.

 용띠: 세상에 공짜는 없다. 이유 없는 배려나 친절을 경계할 것.

 뱀띠: 나의 작은 노력이 큰 성과가 되어 돌아올 수 있음.

 말띠: 금전운이 좋으니 기대해도 좋음.

 양띠: 일석이조의 결과가 나오니 추진하고 있는 일에 최선을 다할 것.

 원숭이띠: 다툼이나 경쟁은 피하는 것이 좋음.

 닭띠: 바쁜 하루를 보내겠지만 실리는 없음.

 개띠: 내 생각이 맞다고 밀고 나가다 크게 망신을 당하니 주변의 말에 귀 기울이는 것이 필요함.

 돼지띠: 오해가 쌓이기 전에 대화로 푸는 것이 좋음.

― 행운의 달: 5월 ―

문제가 커서
두려운 것이 아니라

그 문제를 대하는
내 마음이 작아서 두려운 것이다.

쥐띠: 소화기관이 약하여 급체를 할 수 있으니 음식물 섭취에 유의할 것.

 소띠: 내 감정을 잘 컨트롤하는 것이 중요함.

 호랑이띠: 작은 일 하나에도 크게 웃을 수 있어 하루 종일 기분이 좋음.

 토끼띠: 기다렸던 소식이 들릴 수 있으니 기대해도 좋음.

 용띠: 문서운이 약하니 거래나 매매는 다음으로 미루는 것이 좋음.

 뱀띠: 긴장이 풀어져 큰 실수를 할 수 있으니 유의할 것.

 말띠: 새로운 사람을 만나더라도 속내를 드러내지 말 것.

 양띠: 뜻하지 않은 오해로 대인 관계에 문제가 발생할 수 있으나, 오해를 풀겠다고 이야기를 나눠 봤자 더 큰 오해가 쌓이니 잠시 시간을 가질 것.

원숭이띠: 오늘은 만사에 주의를 기울이는 것이 필요함.

닭띠: 타인에게서 마음에 들지 않는 행동이 보이더라도 굳이 꺼내지 말고 넘어가 줄 것.

개띠: 낯선 곳, 새로운 일에서 귀인을 만날 수 있음.

돼지띠: 실내보다는 실외가 좋음.

— 행운의 색: 금색 —

모든 것에는
존재의 이유가 있다.

쥐띠: 도움을 구하는 사람에게 매정하게 거절하지 말 것.

 소띠: 낮말은 새가 듣고, 밤말은 쥐가 듣는다.

 호랑이띠: 여유를 가지고 행동할 것.

 토끼띠: 늦은 밤에는 기운이 좋지 못하니 최대한 일찍 잠자리에 드는 것이 좋음.

 용띠: 어떤 일을 해도 좋은 성과를 얻을 수 있음.

 뱀띠: 작은 배려가 훗날 큰 도움이 될 것이니 오늘은 배려하는 하루를 보내는 것이 좋음.

 말띠: 어린아이에게 친절함을 베풀 것.

 양띠: 무난한 하루가 될 것.

 원숭이띠: 사람을 잡아당기는 힘이 생기니 이 기회를 잘 활용해 볼 것.

닭띠: 머리 회전이 잘 되니 평소 풀리지 않았던 일을 해결해 보는 것도 좋음.

개띠: 중요 문서나 계약서를 다시 한번 살펴볼 것.

돼지띠: 때로는 가식적인 친절도 도움이 되니 내키지 않더라도 친절한 태도를 내비칠 것.

○― 행운의 아이템: 슬리퍼 ―

내가 처한 환경은 언케든 바뀐다.

누구에게도 상처를 주지 마라.

쥐띠: 실수를 하지 않도록 두 번 세 번 확인하는 것이 중요함.

 소띠: 억울한 일이 생겼을 땐 반드시 참지 말고 이야기할 것.

 호랑이띠: 평소 연락을 잘 하지 않던 지인에게 연락을 해 보는 것이 좋음. 뜻하지 않은 반가운 소식을 들을 수 있음.

 토끼띠: 좋은 이동수가 있으니 긍정적으로 고민해 볼 것.

 용띠: 표정에 신경 쓸 것. 밝은 얼굴을 유지하는 것이 중요함.

 뱀띠: 음주를 자제하는 것이 좋음. 술자리가 있다면 최대한 빨리 끝내고 집으로 귀가할 것.

 말띠: 주도면밀한 태도를 가질 필요가 있음.

 양띠: 지인에게 핀잔을 들을 수 있으나 자칫 언쟁이 될 수 있으니 한 귀로 듣고 한 귀로 흘리는 것이 필요함.

 원숭이띠: 조급한 마음이 들더라도 절대 티 내지 말 것.

 닭띠: 섣부른 행동은 오히려 화를 불러일으키니 주의할 것.

 개띠: 마무리를 지어야 할 때. 정리하는 시간이 필요함.

 돼지띠: 원하던 사람을 만날 수 있으니 오늘은 외출과 새로운 만남을 적극적으로 시도할 것.

○─ 행운의 장소: 마트 ─

세상이 변하는 것이 아니라
내가 변하는 것이다.

나를 돌아봐라.

쥐띠: 가족에게 좋은 소식이 생길 수 있음.

 소띠: 대운이 들어오니, 자신감 있게 하루를 보내도 좋음.

 호랑이띠: '불' 사용에 주의할 것.

 토끼띠: 고집을 부리면 손해로 이어질 수 있으니 한발 물러서는 것이 좋음.

 용띠: 다른 사람의 흉을 절대로 보지 말 것.

 뱀띠: 예상치 못한 변수로 인해 일을 그르칠 수 있음.

 말띠: 불필요한 언쟁은 하지 않는 것이 좋음. 가급적 피할 것.

 양띠: 평소보다 쉽게 지치고 피로해질 수 있으니 체력 관리를 할 것.

 원숭이띠: 골치였던 일이 해결될 것임.

 닭띠: 어떤 일이든 일관된 태도를 유지할 것.

 개띠: 타인을 따라 하다 망신살을 뻗칠 수 있음.

 돼지띠: 평소 감사함을 느꼈던 사람에게 고마움을 전달해 볼 것. 훗날 큰 도움이 될 것임.

○─ 행운의 향기: 비누 향 ─

지금 이 순간의 결정이

미래에 어떤 결과를 초래할지 모른다.

신중해라.

쥐띠: 노력하는 것 이상으로 성과를 얻을 수 있음.

 소띠: 나의 태도에 따라 대인 관계가 달라지니 주의할 것.

 호랑이띠: 친한 지인에게서 연락이 오면 반갑게 만나 보는 것을 추천함.

토끼띠: 남의 것을 탐내다가는 그 화가 당신에게 곱절로 돌아올 것이니 욕심내지 말 것.

 용띠: 회식이나 모임이 있다면 반드시 참석할 것.

뱀띠: 겸손한 모습을 보고 호감을 나타내는 사람이 있으니 오늘은 겸손한 태도를 잃지 말 것.

 말띠: 돈 문제가 해결되지 않으니 섣불리 행동하지 말 것.

 양띠: 최대한 말을 삼갈 것. 괜한 오해를 살 수 있음.

원숭이띠: 이동수가 있음. 이동을 원하지 않는다면 낯선 곳에서 시간을 보내는 것도 방법.

 닭띠: 타인에게 인정받을 수 있으니 추진하고 있는 일이 있다면 끝까지 진행하는 것이 좋음.

 개띠: 잠시 휴식이 필요함. 돌아가는 것도 방법.

돼지띠: 머릿속으로 계산하는 것이 상대방 눈에도 보인다는 것을 명심할 것.

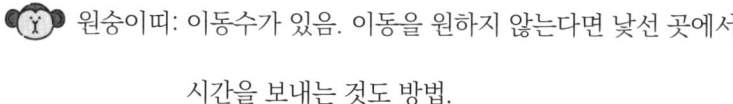

○─ 행운의 아이템: 나무 소재 ─

갈 길이 멀다고
첫발도 떼지 않을 것인가?

쥐띠: 시끄러운 곳보다는 조용한 곳을 찾아갈 것.

 소띠: 무리한 육체적 노동은 피하는 것이 좋음.

 호랑이띠: 작은 것을 잡으려다 큰 것을 놓칠 수 있음.

 토끼띠: 기운이 좋으니 평소 미뤄 둔 일을 처리하는 것도 좋음.

 용띠: 독단적으로 일을 해결하다 문제가 발생할 수 있음.

 뱀띠: 문서상의 기운이 좋아 이익을 볼 수 있음.

 말띠: 돈거래는 절대 하지 않는 것이 좋음. 특히 빌려주는 것은 금물.

 양띠: 주변에서 도움을 받을 수 있으며 그 기회를 잘 이용하는 것이 좋음.

 원숭이띠: 감정 기복이 심해지니 침착함을 유지할 것.

 닭띠: 오늘 만나는 사람 중 귀인이 있으니 잘 살펴볼 것.

 개띠: 가급적 말을 줄이고 타인의 말에 귀 기울일 것.

 돼지띠: 오늘 하루 베푼다면 더 큰 행운으로 돌아올 것이니 최대한 베푸는 것이 좋음.

○─ 행운의 띠: 돼지 ─

세상에 완벽한 사람은 없다.

쥐띠: 평소 잘 가지 않았던, 반대 성향의 장소를 방문하는 것도 좋음.

 소띠: 대인 관계에서 주인공이 될 수 있음.

 호랑이띠: 금전적으로 손해를 볼 수 있으나 순환의 시작이기 때문에 너무 스트레스 받지 않아도 됨.

 토끼띠: 곤란한 사람을 보았을 때 최대한 도움을 주는 것이 좋음.

 용띠: 유독 마음이 가는 지인이 있다면 그 지인과 오늘 하루를 길게 보내는 것도 좋음.

 뱀띠: 오후에 체력이 급격히 저하되므로 체력 관리에 신경 쓸 것.

 말띠: 충동적인 행동은 후회를 부를 수 있음을 명심할 것.

 양띠: 사이가 좋지 못했던 사람에게서 안 좋은 일이 생길 수 있으나 진심으로 위로해 줄 것.

 원숭이띠: 나의 소극적인 태도가 큰 오해를 부를 수 있으니 적극적으로 표현할 것.

 닭띠: 완벽함을 좇다 일을 그르칠 수 있음.

 개띠: 달콤한 말을 하는 사람을 경계할 것.

 돼지띠: 보여도 보지 말고, 들려도 말하지 말 것.

○─ 행운의 아이템: 파란색 계열 ─

지금 '이 순간'에
집중하라.

쥐띠: 중요한 계약이나 일이 들어올 수 있음.

 소띠: 귀인이 올 수 있으니, 적극적이고 활발하게 움직이는 것이 좋음.

 호랑이띠: 과도하게 일을 추진하기보다는 현재의 일을 다듬는 것이 더욱 중요함.

 토끼띠: 타인의 부탁은 거절하는 것이 좋음.

 용띠: 사소한 말다툼이 큰 화를 불러일으키니 언행에 주의할 것.

 뱀띠: 잠재되어 있던 운이 폭팔하니 기대해도 좋음.

 말띠: 금전운이 하락세이니 지출은 삼갈 것.

 양띠: 21시 이후 운이 좋으니 밤늦게 산책을 하는 것도 좋음.

 원숭이띠: 상대를 이기려 하지 말고, 양보하는 것이 좋음.

 닭띠: 용서하는 용기가 필요함.

 개띠: 손윗사람에게서 도움을 받을 수 있음.

 돼지띠: 예상치 못한 변수로 인해 마음이 다칠 수 있음.

○─ 행운의 숫자: 6, 29 ─

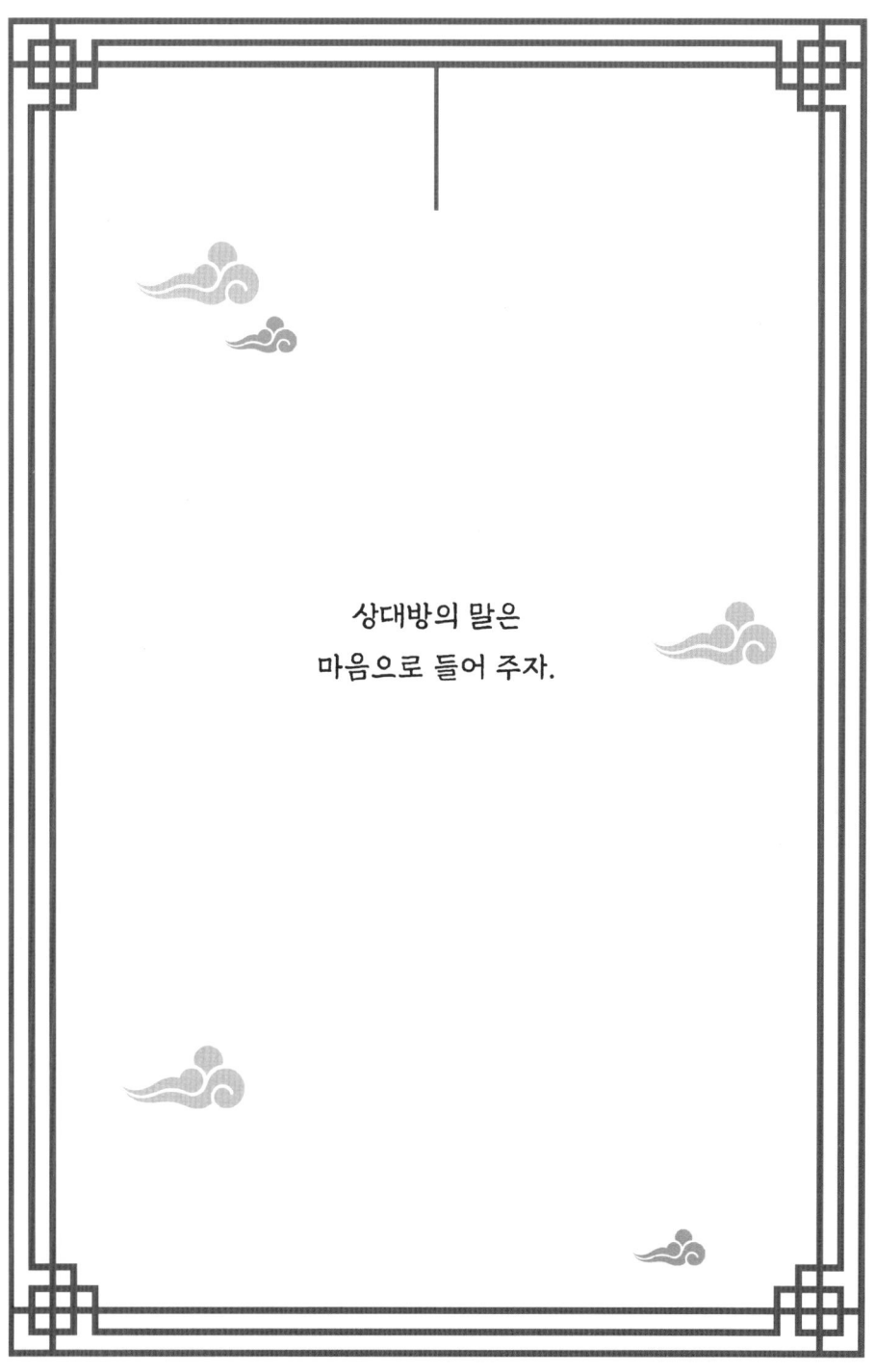

상대방의 말은
마음으로 들어 주자.

쥐띠: 돈거래를 해야 한다면 오늘 하는 것도 나쁘지 않음.

 소띠: 도보를 통해 많은 곳을 방문하는 것이 좋음.

 호랑이띠: 남을 배려하지 않고 자기주장만 펼친다면 안 좋은

이미지를 얻기 좋은 기회이니 신중하게 대처할 것.

 토끼띠: 무의미한 연락은 득이 되지 않음.

 용띠: 누군가 시비를 걸어 와도 무시할 것.

 뱀띠: 사공이 많으니 배가 산으로 간다.

 말띠: 자신의 약점이나 부족함에 대해 인정하고 되돌아보는 시간이

필요함.

 양띠: 욕심을 내려놓아야 운이 들어올 자리가 있음.

 원숭이띠: 만나는 사람들에게 최대한 호의를 베푸는 것이 좋음.

 닭띠: 중요한 결정을 내릴 때는 감성보다 이성에 따를 것.

 개띠: 스트레스는 많지만 풀지를 못하고 기운 또한 막혀 있어

휴식이나 여행을 떠나는 것을 권장함.

 돼지띠: 평소보다 집중력이 좋으니 중요한 일은 오늘 처리하는 것이

좋음.

○─ 행운의 달: 7월 ─

인생은 다크 초콜릿이다.

첫맛의 씁쓸함을 견뎌야

단맛이 나온다.

쥐띠: 급할수록 돌아가라.

 소띠: 불필요한 다툼이나 언쟁은 맞서기보다 피하는 것이 좋음.

 호랑이띠: 몸은 바쁘지만 일이 수월하게 진행될 수 있으니 체력이 닿는 만큼 활동하는 것이 좋음.

토끼띠: 가족과의 언쟁이 있을 수 있으니 대화를 통해 오해를 푸는 것이 중요함.

 용띠: 다시 만날 수 있는 운명이 있으니, 타인에게 친절을 베풀 것.

 뱀띠: 횡재수가 있어 예상치 못한 소득이 발생함.

 말띠: 여행이나 출장의 계획이 있다면 미루는 것이 좋음.

 양띠: 일이 풀리지 않아 보이더라도, 운의 흐름이 바뀌고 있으니 조금만 견뎌 볼 것.

원숭이띠: 손해를 보더라도 일시적이며, 장기적으로는 큰 이익이 될 것.

닭띠: 주변의 말에 휩쓸리지 않고 나의 주장대로 밀고 나가는 것이 중요함.

개띠: 예상치 못한 난관이 발생할 수 있으니 침착하게 대처하는 것이 중요함.

돼지띠: 내 상황에 대해 너무 구체적이고 솔직하게 이야기하지 말 것.

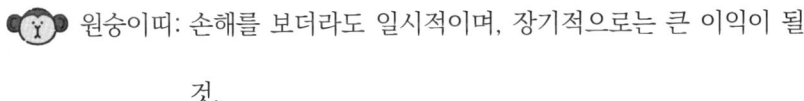

누군가의 아픈 모습을 본다면

함께 아파해라.

쥐띠: 귀인을 만날 수도 있으니, 최대한 많은 사람을 만날 것.

 소띠: 남의 것을 탐하다 도리어 나의 것을 잃을 수 있음.

 호랑이띠: 작은 실수도 크게 비칠 수 있으니 주의할 것.

 토끼띠: 대인운이 좋으니 오늘을 최대한 활용하는 것이 좋음.

 용띠: 예상치 못한 사건이 발생할 수 있으니 사전에 대비하는 것이 중요함.

 뱀띠: 기대했던 소식이 들려올 수 있음.

 말띠: 마음을 비워야 새로운 사람이 들어올 수 있음.

 양띠: 자신의 행동에 대해 해명해야 하는 일이 생길 수 있음.

 원숭이띠: 자전거, 자동차 등 이동 수단과의 충돌로 인해 다칠 수 있으니 주의할 것.

 닭띠: 결과에 대한 책임이 따르니, 신중하게 행동할 것.

 개띠: 행운을 잡기 위해선 과감한 결단력이 필요함.

 돼지띠: 주변의 충고를 받아들이는 자세가 필요함.

○─ 행운의 색: 남색 ─

돈으로
마음과 행복을
살 수 없다.

쥐띠: 나의 노력을 누군가는 알아주고 있다는 것을 명심할 것.

 소띠: 친하다고 생각했던 사람에게서 뜻밖의 안 좋은 소식이 들릴 수 있으니 나의 입장에 대해 분명하게 전달하는 것이 필요함.

 호랑이띠: 반가운 소식이 들리니, 그동안의 근심이 사라질 것.

 토끼띠: 필요 이상으로 외출을 하는 것은 좋지 못함.

 용띠: 쓸데없는 걱정으로 도리어 일을 망치기 쉬움.

 뱀띠: 사소한 일이라도 자신의 뜻을 전하는 것이 중요함.

 말띠: 내일을 위해 오늘은 쉬어 가는 것이 좋음.

 양띠: 불안한 마음에 타인을 의심하기 쉬우니 마음 정리가 시급함.

 원숭이띠: 귀를 열고 다른 사람의 이야기를 잘 듣는 것이 중요함.

 닭띠: 사소한 말다툼이 생길 수 있으니 언행에 신중을 기할 것.

 개띠: 금전운의 흐름을 망칠 수 있으니, 충동구매나 불필요한 소비는 금물.

 돼지띠: 타인의 말에 흔들리지 말고 소신을 지키는 것이 중요함.

○─ 행운의 장소: 식당 ─

행운과 시련은 같이 온다.

시련만 있다면,
아직 그 포장을 뜯지 않은 것이다.

쥐띠: 베푸는 만큼 기운이 돌아오니, 주변 사람들과 함께 나누고 베푸는 태도가 필요함.

 소띠: 나를 따르는 이가 많으니 능력을 발휘하기 좋음.

 호랑이띠: 인내를 가지고 충분히 기다리는 자세가 필요함.

 토끼띠: 가급적 외출을 자제하는 것이 좋음.

 용띠: 감정 기복이 심하니 스스로를 돌아보는 것이 좋음.

 뱀띠: 무리하게 새로운 도전을 하기보다 현재의 내실을 다지는 것이 중요함.

 말띠: 타인의 한 가지 면을 보고 그 사람의 전부를 판단해 버리는 실수를 범하지 말 것.

 양띠: 예상치 못한 곳에서 조력자를 얻을 수 있음.

 원숭이띠: 가까운 이와의 금전 거래는 절대 피할 것.

 닭띠: 소화기관이 약해지니 음식물 섭취에 유의할 것.

 개띠: 약속이 있다면 미리 도착해서 기다리는 것이 좋음. 지각은 금물.

🐷 돼지띠: 새로운 사람과의 만남에서 행운을 얻을 수 있음.

○─ 행운의 귀인: 동성 ─

인생의 비바람은
값지다.

쥐띠: 우선순위를 정하고 행동할 것.

 소띠: 순간의 실수로 큰 손해를 보게 되니 유의할 것.

 호랑이띠: 사소한 오해로 대인 관계에 흠이 생길 수 있으니 언행을 신중히 할 것.

 토끼띠: 충동적인 행동은 손해를 일으키니 주의할 것.

 용띠: 쉽게 우울감에 빠질 수 있으니 주의할 것.

 뱀띠: 베푸는 마음이 돌아와 좋은 결과로 나타날 수 있음.

 말띠: 지출한 만큼 보상이 돌아오니, 가까운 지인에게 선물이나 한턱내는 것도 좋음.

 양띠: 자신감을 가지고 적극적으로 행동한다면 반드시 성과를 얻을 수 있음.

 원숭이띠: 돈거래는 절대 금물.

 닭띠: 갈등이 생길 수 있으니 융통성을 발휘하는 자세가 필요함.

개띠: 활동을 할수록 이익을 볼 수 있으니 활발히 움직일 것.

돼지띠: 나의 주장을 버리고 주변의 이야기를 듣는 것이 중요함.

○─ 행운의 순간: 통화 ─

남부끄럽지 않게 사는 것보다

스스로에게 부끄럽지 않게 사는 것.

쥐띠: 노란색의 의류나 속옷을 착용하는 것이 좋음.

 소띠: 돈거래를 한다면, 돈도 잃고 사람도 잃기 쉬우니 돈거래는 하지 않는 것이 좋음.

 호랑이띠: 나무와 관련된 물품을 소지하는 것이 좋음.

 토끼띠: 주변의 유혹을 과감히 차단하고 본래의 자리를 지키는 것이 중요함.

 용띠: 방문하지 않았던 옆 동네 정도의 짧지만 조금은 먼 곳을 방문하는 것이 좋음.

 뱀띠: 타인에게 돈을 쓰는 상황이 발생할 수 있으나, 기꺼이 지출할 것.

 말띠: 가족이나 가까운 지인의 충고를 받아들이는 것이 좋음.

 양띠: 물이 있는 곳을 방문하면 좋음.

 원숭이띠: 타인을 존중하는 것이 문제 해결의 열쇠.

 닭띠: 나의 입장을 분명하지만 부드럽게 전달하는 지혜가 필요함.

 개띠: 가만히 앉아 있어도 일이 풀리는 대운이 들어옴.

돼지띠: 처음 만나는 사람에게 선입견을 가지지 말 것.

― 행운의 동물: 닭 ―

아름다운 마음의 향기는

천 리 길 밖에서도 느낄 수 있다.

쥐띠: 하고자 하는 일이 있다면 오늘 하는 것이 좋음.

 소띠: 머리로만 고민하지 말고 실천에 옮길 것.

 호랑이띠: 정신없는 하루를 보내겠지만, 보람이 있으니 순간마다

최선을 다할 것.

 토끼띠: 붙잡고 있어 봤자 해결되지 않으니 잠시 쉬어 가는 것이

좋음.

 용띠: 상대를 설득하기 어려운 일이 발생하니 행동에 유의할 것.

 뱀띠: 주변의 조언을 듣는 것이 문제 해결의 열쇠.

 말띠: 나의 생각만을 내세우다 중요한 기회를 놓칠 수 있으니, 다른

사람의 의견을 수용하는 자세가 중요함.

 양띠: 음의 기운이 강하게 들어오니 동성보다는 이성과 함께 있는

것이 좋음.

 원숭이띠: 감정 조절에 유의하며 스트레스 해소를 위한 활동을

권장함.

 닭띠: 상대를 위한 발언일지라도 가급적 말을 아낄 것.

 개띠: 자신이 없는 일에는 솔직하게 이야기를 하는 것이 좋음.

 돼지띠: 말실수나 오해가 큰 문제로 번질 수 있으니 언행에 각별히

주의할 것.

○─ 행운의 음식: 감자 ─

인생은 리허설이 없다.

지금이 실전이다.

쥐띠: 욕심부린 만큼 난관이 생기니 스스로 해결할 수 있는 일만 벌이는 것이 좋음.

 소띠: 새로운 만남이 행운을 불러올 수 있음.

 호랑이띠: 사건에 휘말릴 수 있으니 뒷담화에 호응하지 말 것.

 토끼띠: 적극적으로 활동할수록 남 좋은 일만 시키니 애써 움직일 필요 없음.

 용띠: 갈등이 생겼다면 피하기보단 정면 대응을 하는 것이 좋음.

 뱀띠: 나서지 말고 가만히 있는 것이 좋음.

 말띠: 자랑하지 말고 겸손할 것.

 양띠: 감정에 휩쓸려 지출을 했다가 큰 손해를 보니 주의할 것.

 원숭이띠: 예상치 못한 고민이 생길 수 있으나, 침착하지만 빠르게 대응하는 것이 중요함.

 닭띠: 불필요한 지출이라고 생각되지만, 훗날 도움이 될 수 있음.

 개띠: 뱁새가 황새 따라가다 가랑이 찢어진다.

 돼지띠: 내 욕심이 화가 되어 돌아오니 겸손할 것.

○─ 행운의 시간: 술시(19시~21시) ─

이미 일어난 일은 바꿀 수 없다.

남 탓하거나 아파할 필요도 없다.

쥐띠: 주변 사람들과의 조화가 중요함.

 소띠: 작은 갈등이 화가 되어 큰 싸움으로 번질 수 있으니 유의할 것.

 호랑이띠: 오전에 기운이 강하고 점차 기운이 약해지니 오전에 중요한 일을 처리하는 것이 좋음.

 토끼띠: 운의 흐름이 바뀌니, 지금까지의 어려움이 점차 해소됨.

 용띠: 대인 관계에 문제가 있을 수 있으니 신중하게 행동할 것.

 뱀띠: 구설수가 있으니 행동거지를 똑바로 할 것.

 말띠: 남의 부탁을 거절하지 못하면 재정적인 손해를 보니 명확하게 자신의 의사를 표현하는 것이 중요함.

 양띠: 숲과 같은 자연에서 산책하는 것이 좋음.

 원숭이띠: 자신의 능력을 믿고 새로운 기회에 도전하면 성과가 따름.

 닭띠: 온라인상에서 말을 조심히 할 것. 낯부끄러운 일이 발생할 수 있음.

 개띠: 차분함을 유지해야만 실수를 줄일 수 있음.

 돼지띠: 대인 관계로 스트레스를 받을 수 있음.

○─ 행운의 아이템: 반지 ─

마음이 가는 곳에
몸이 간다.

쥐띠: 선택을 해야 하는 일이 생기니 이성적으로 판단할 것.

 소띠: 주변의 도움이 절실함. 용기 내어 도움을 요청하는 것이 좋음.

 호랑이띠: 금전운이 불안정하니 신중하게 행동할 것.

 토끼띠: 집안에 경사가 있으니 기대해도 좋음.

 용띠: 건강상의 문제가 생길 수 있으니 충분한 휴식을 권장함.

 뱀띠: 재물운이 좋아지니, 오래 기다려 왔던 경제적 문제가 해결될 수 있음.

 말띠: 가족의 건강을 살펴볼 것.

 양띠: 작은 오해가 큰 갈등으로 이어지니 언행에 주의할 것.

 원숭이띠: 적극적으로 나를 표현한다면 기회를 잡을 수 있음.

 닭띠: 최대한 술자리를 멀리할 것.

 개띠: 예상치 못한 성취가 찾아옴.

 돼지띠: 과음, 과식 등 지나친 활동에 주의할 것.

○─ 행운의 활동: 기부, 후원 ─

함께할 수 있음에 감사하고
함께 나눌 수 있음에 감사해라.

쥐띠: 나무가 많은 산이나 수목원을 방문하는 것이 좋음.

 소띠: 주변 사람들의 도움을 받는다면 큰 효과를 얻을 수 있음.

 호랑이띠: 답답한 기운이 맴돌아 스트레스 받을 일이 있음.

 토끼띠: 온라인상에서의 대화는 오해를 일으킬 수 있으니 가급적 만나서 대화를 하는 것이 좋음.

 용띠: 사고수가 있으니 신중하게 행동할 것.

 뱀띠: 돌발적인 비용이 발생할 수 있음.

 말띠: 귀가 시간이 늦어질수록 재물운이 약해지니 최대한 일찍 귀가하는 것이 금전적으로 도움이 됨.

 양띠: 실수가 발생할 수 있으니 꼼꼼하게 재차 확인하는 자세가 필요함.

 원숭이띠: 주변의 조언에 귀를 기울여야 행운이 따름.

 닭띠: 주변 사람들에게 안부 전화를 하며 대인 관계에 신경을 쓰는 것이 중요함.

 개띠: 몸의 피로 신호를 무시하지 말고 충분히 휴식을 취할 것.

 돼지띠: 새로운 기회나 인맥이 들어올 수 있으니 적극적으로 만남을 추진하는 것이 좋음.

○── 행운의 단어: 사랑 ──

아름다운 마음으로
오늘 하루를 즐겨라.

쥐띠: 우선순위를 정하여 일을 처리하는 것이 중요함.

 소띠: 감정 기복을 잘 관리하는 것이 중요함.

 호랑이띠: 새벽에 기운이 좋으니 하루를 일찍 시작하는 것이 좋음.

 토끼띠: 신체적으로 활동량이 늘어나지만, 이득이 될 일은 없음.

 용띠: 손아랫사람에게 뜻하지 않은 도움을 받을 수 있음.

 뱀띠: 하기 싫은 일이 들어올 수 있으나, 오히려 새로운 기회로 이어질 수 있으니 수락하는 것이 좋음.

 말띠: 친절을 베푼다면 반드시 이득으로 돌아옴.

 양띠: 인내와 기지가 있다면 난관을 극복할 수 있음.

 원숭이띠: 쉽게 피로감을 느낄 수 있으니 충분한 휴식을 취할 것.

 닭띠: 중요한 일정이나 약속은 재확인하는 것이 중요함.

 개띠: 오늘 나의 행동이 앞으로의 이미지 형성에 영향을 미치니 신중하게 행동할 것.

돼지띠: 강한 기운이 들어오니, 직감에 따라 행동하는 것도 좋음.

○― 행운의 색: 회색 ―

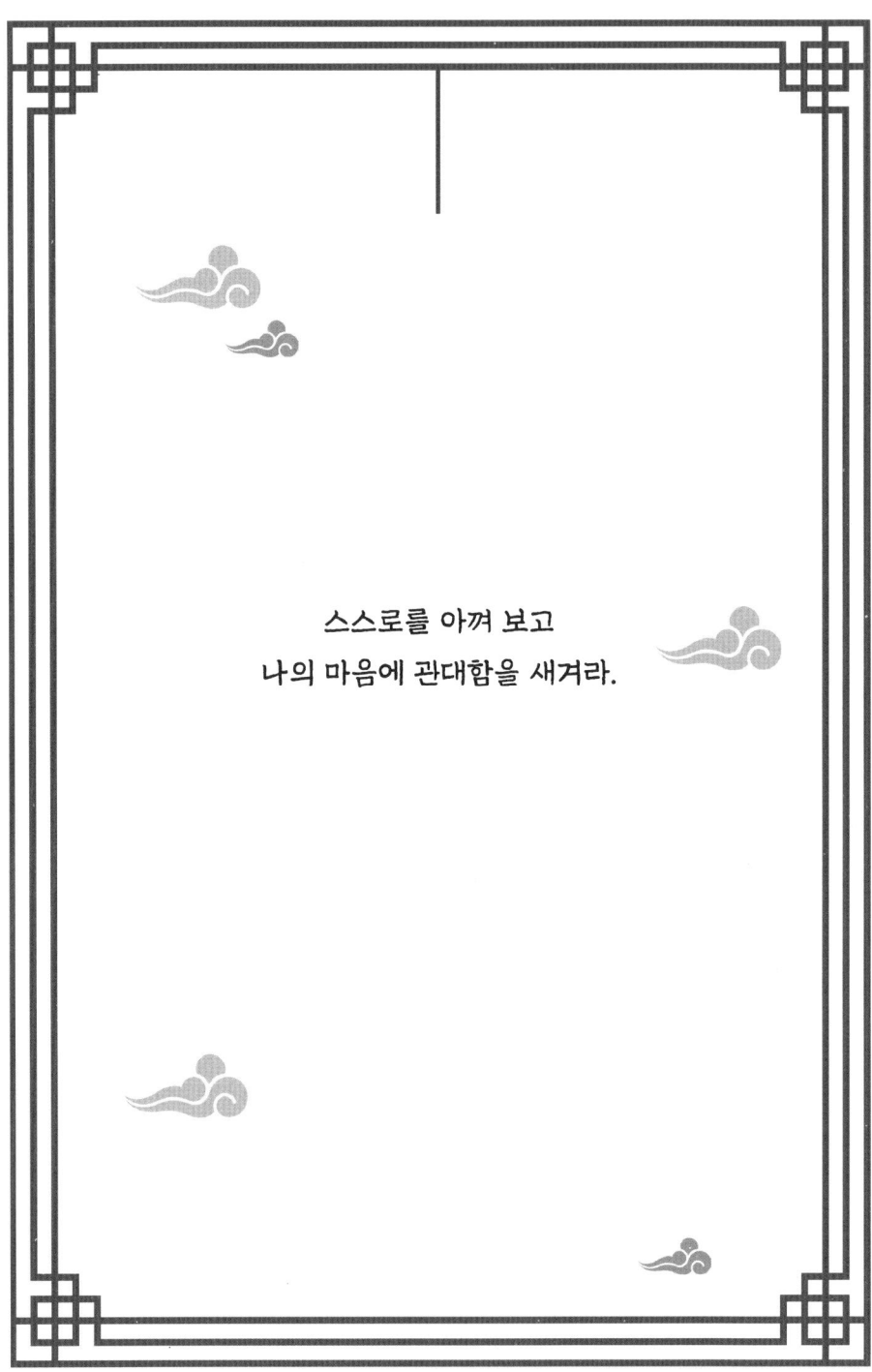

스스로를 아껴 보고
나의 마음에 관대함을 새겨라.

쥐띠: 시기와 질투를 받을 수 있으니 겸손하게 행동할 것.

 소띠: 의식적으로 행동하는 것이 중요함.

 호랑이띠: 평소 골치였던 일이 해결되는 징조가 보이니 걱정을

내려놓아도 좋음.

 토끼띠: 모호한 태도는 후회만 남긴다.

 용띠: 좋은 소식은 가급적 소문내지 말고 혼자 축배를 들 것.

 뱀띠: 걱정한다고 일이 해결되지는 않는다.

 말띠: 작은 이득을 좇다 큰 손해를 볼 수 있음.

 양띠: 뜻하지 않게 일이 풀리지 않더라도 답답해하지 말고 차분히

기다리는 자세가 필요함.

원숭이띠: 상갓집 방문은 자제할 것.

닭띠: 남녀 관계는 명확히 하는 것이 좋음.

개띠: 무슨 일을 해도 풀리지 않으니 잠시 내려놓고 휴식을 취하는

것도 방법 중 하나.

돼지띠: 중요한 일정은 오후 시간대에 잡는 것이 유리함.

○— 행운의 아이템: 은색 장신구 —

나를 되돌아보아라.

쥐띠: 낯선 자리나 새로운 모임에 적극적으로 참여할 것.

 소띠: 눈에 띄는 행동은 자제할 것.

 호랑이띠: 평소 마음에 들지 않았던 사람에게 친절을 베푼다면 관계가 해결될 수 있음.

 토끼띠: 다른 사람의 말에 휘둘리지 말 것.

 용띠: 나약해지기 좋으니 마음을 굳게 먹는 것이 중요함.

 뱀띠: 나의 말 한마디를 책임져야 하는 날이 오니, 최대한 언행을 주의할 것.

 말띠: 흙을 가까이하면 좋음.

 양띠: 대인 관계에서 예기치 못한 언쟁이 발생할 수 있음.

 원숭이띠: 그동안의 노력이 보상으로 돌아오니 적극적인 자세를 취할 것.

 닭띠: 나의 감정을 다 드러내지 말 것.

 개띠: 지출은 많지만 실속은 없으니 지출을 자제하는 것이 좋음.

 돼지띠: 본인의 고집보다는 주변 사람들의 조언을 참고하는 것이 좋음.

○─ 행운의 장소: 식물원 ─

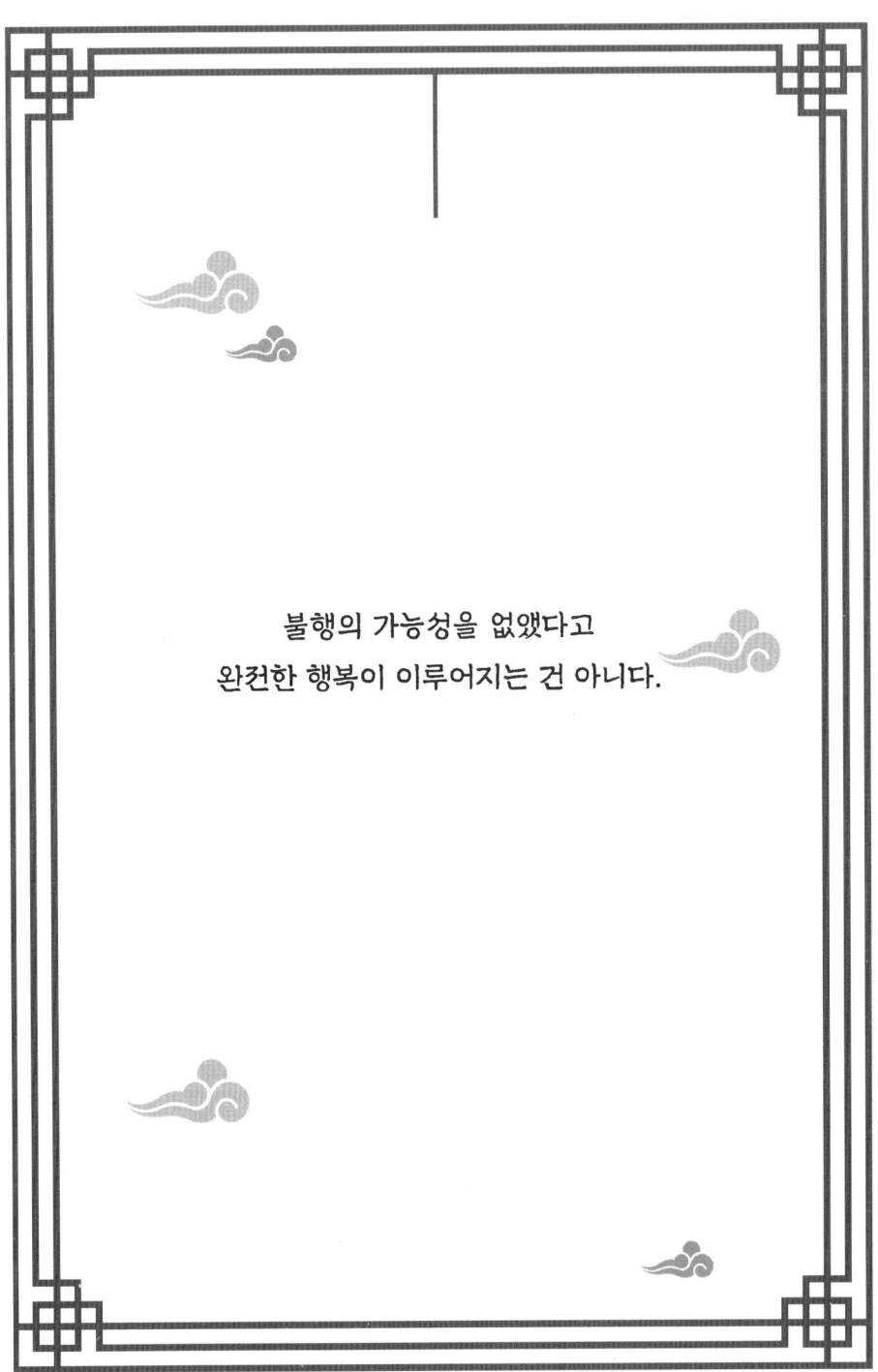

불행의 가능성을 없앴다고
완컨한 행복이 이루어지는 건 아니다.

쥐띠: 차량 사고수가 있으니 대중교통이나 차량을 이용하기보다는 걷는 것이 좋음.

 소띠: 오늘 지출이 많다면 앞으로의 지출이 늘어날 것이라고 생각하고 최대한 지출을 자제하는 것이 좋음.

 호랑이띠: 행운이 따르는 하루.

 토끼띠: 소화기관이 약하니 과식은 금물.

 용띠: 유혹에 넘어가지 않도록 마음을 다잡는 것이 중요함.

 뱀띠: 붉은색 소지품을 들고 다니는 것이 도움이 됨.

 말띠: 망신살이 있으니, 지나친 조언은 삼가는 것이 좋음.

 양띠: 타인의 일에 신경 쓰지 말고 자신의 일에만 매진할 것.

 원숭이띠: 지키지 못할 약속은 절대 하지 말 것.

 닭띠: 자신감과 솔직함이 행운을 불러오니 나를 적극적으로 표현하는 것이 중요함.

 개띠: 생각지 못한 곳에서 돈이 생길 수 있으니 기대해도 좋음.

 돼지띠: 오랜 지인들에게 신경을 써야 함.

○─ 행운의 단어: 흙 ─

오늘의 키워드.

'배려'와 '존중'
'선택'과 '집중'

쥐띠: 양보와 미덕이 타인에게 신뢰를 쌓을 수 있음.

 소띠: 기회가 찾아오니 반드시 잡을 것.

 호랑이띠: 돌다리도 두들겨 보고 건너라.

 토끼띠: 대인 관계에 문제가 생길 수 있음.

 용띠: 그동안의 고민이 해결될 수 있음.

 뱀띠: 발 없는 말이 천 리 간다.

 말띠: 날음식보다는 구워진 음식을 먹는 것이 좋음.

 양띠: 이성운이 좋으니, 미혼이라면 외출을 하는 것이 좋고 기혼이라면 가급적 집 안에 있는 것이 좋음.

 원숭이띠: 욕심부리다 모든 것을 잃을 수 있음.

 닭띠: 최대한 외출을 삼가고 집에 머무는 것이 좋음.

 개띠: 양보가 가장 큰 무기가 되는 날. 그만큼 보답을 받을 수 있으니 배려하는 행동이 필요함.

 돼지띠: 돈의 흐름이 좋지 못하니, 불필요한 지출은 없는지 가계부를 다시 한번 재점검하는 것도 좋음.

○─ 행운의 식물: 유칼립투스 ─

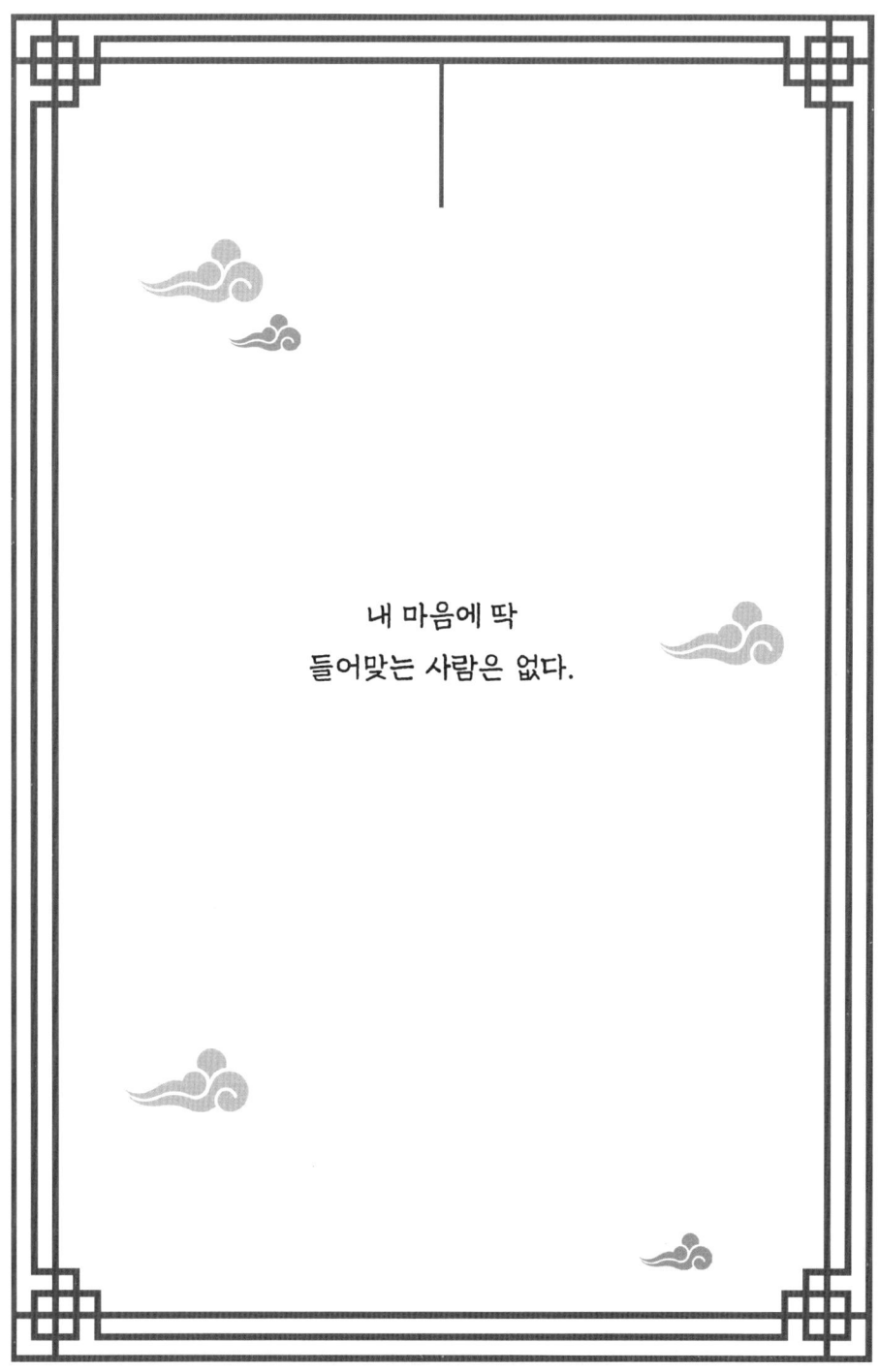

내 마음에 딱
들어맞는 사람은 없다.

쥐띠: 휴식이 가장 필요한 때. 하던 일을 멈추고 재충전을 하는 것이 더 중요함.

 소띠: 새로운 사람에 대해 의심할 필요가 있음.

 호랑이띠: 가까운 사람과의 다툼이 발생할 수 있으나, 크게 걱정할 정도는 아님.

 토끼띠: 새로운 일을 벌이기보다는 하던 일을 마무리 짓는 것이 더 중요함.

 용띠: 무리한 활동은 가급적 자제하는 것이 좋음.

 뱀띠: 다른 사람의 말에 현혹되지 말고 중심을 잡을 것.

 말띠: 괜한 소문에 휩쓸리지 말 것.

 양띠: 술을 가급적 자제하고 가급적 귀가를 빨리 할 것.

 원숭이띠: 인정받고자 노력하지 않아도 누군가는 인정을 해주니, 조급하게 마음먹지 말 것.

 닭띠: 수분을 많이 섭취하는 것이 좋음.

 개띠: 사람들에게서 신뢰를 얻을 수 있으며 이를 활용한다면 큰 보상이 따를 것.

 돼지띠: 무리한 운동은 자제하는 것이 좋음.

○― 행운의 아이템: 머리띠 ―

오늘의 고난은
거름이다.

쥐띠: 친한 사람과 갈등이 생길 수 있음.

 소띠: 억울한 일이 발생할 수 있으니 적극적으로 해명하는 자세가 필요함.

 호랑이띠: '돌'과 관련된 물건은 가급적 멀리할 것.

 토끼띠: 나를 이용하고자 하는 사람이 접근하니 이를 잘 가려내는 것이 중요함.

 용띠: 운의 흐름이 활발하니 평소 하고자 했던 일을 실천하는 것도 좋음.

 뱀띠: 이성과의 갈등이 생길 수 있으니 주의할 것.

 말띠: 자랑하지 말고 겸손할 것. 잘난 체할수록 적이 늘어난다.

 양띠: 말 한마디로 사람을 잃으니 주의할 것.

 원숭이띠: 인내가 필요함. 급할수록 돌아가라.

닭띠: 타인을 위한다고 대신 해결하려다 내가 위험해질 수 있으니 함부로 나서지 않는 것이 좋음.

개띠: 구설수와 망신살이 모두 들어오니 최대한 언행을 자제할 것.

돼지띠: 윗사람에게 투정이나 짜증을 내는 것은 절대 금물.

○─ 행운의 색: 진한 파란색 ─

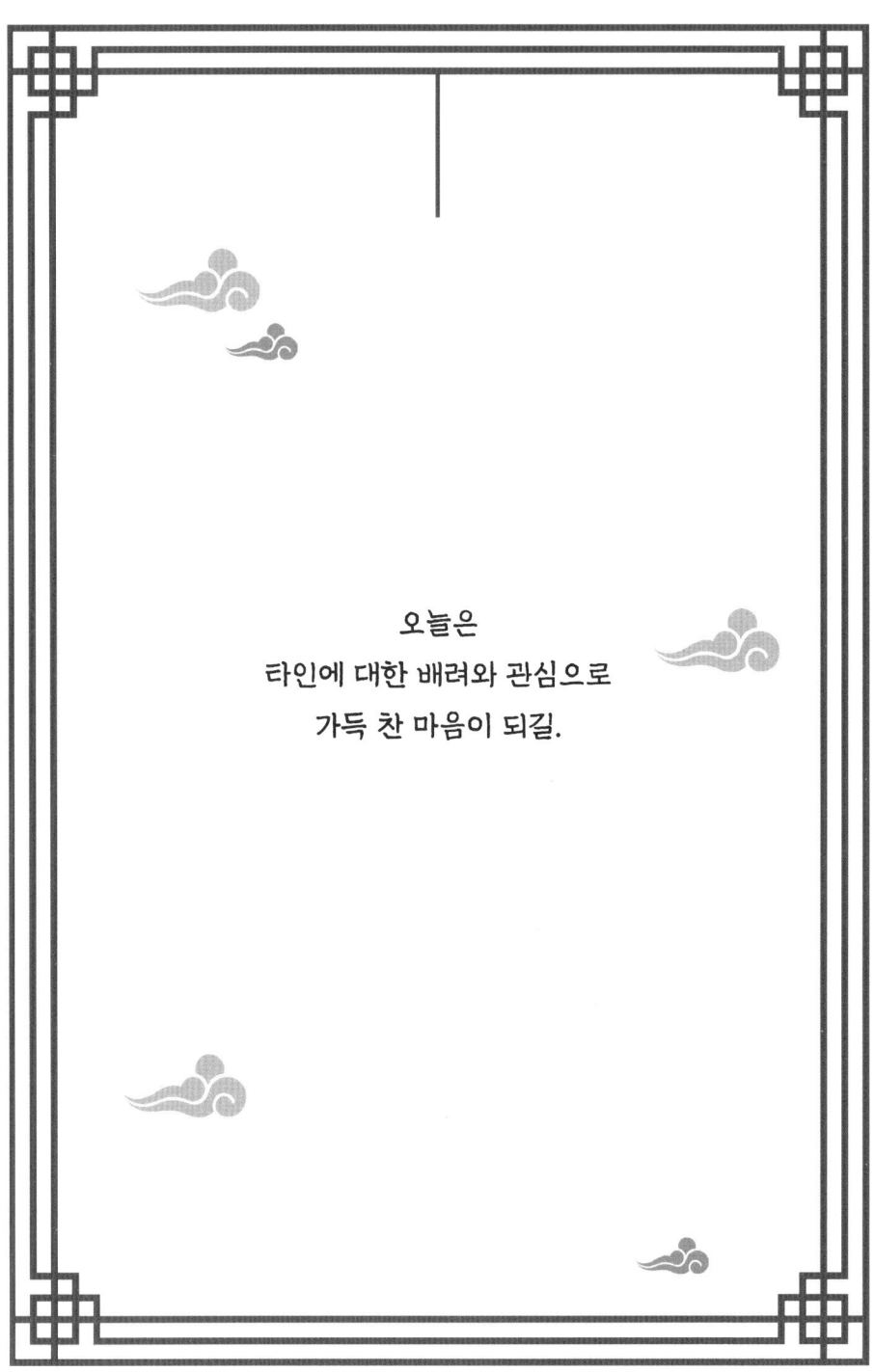

오늘은
타인에 대한 배려와 관심으로
가득 찬 마음이 되길.

쥐띠: 사람들과 직접 대면하여 이야기해야 오해를 줄일 수 있음.

 소띠: 달콤한 말을 경계하라. 아군이 아니라 적군일 수 있음.

 호랑이띠: 발길에 망신살이 있으니 최대한 이동을 자제할 것.

 토끼띠: 타인을 비방하는 행동을 절대 금물.

 용띠: 재물운이 좋으니 투자나 매매를 해도 좋음.

 뱀띠: 오늘의 작은 배려가 훗날 큰 도움이 되어 돌아온다는 것을 명심할 것.

 말띠: 음양의 기운이 상충하니 이성보다는 동성과 시간을 보내는 것이 좋음.

 양띠: 주변으로부터 시기나 질투를 받을 수 있으니 겸손한 태도를 잃지 말 것.

 원숭이띠: 얼굴 붉힐 일이 있으니 언행에 주의할 것.

 닭띠: 뜻밖의 해결책이 생기니 손아랫사람에게 자문을 구해 볼 것.

 개띠: 실수를 조심할 것. 다 된 밥에 재 뿌릴 수 있음.

 돼지띠: 사방이 막혀 있어 답답하니 잠시 쉬어 가는 것도 방법 중 하나.

― 행운의 일자: 8일(금) ―

내가 아름다운 마음을 가져야
그런 마음을 가진
사람을 만날 수 있다.

쥐띠: 나의 뜻대로 흘러가니 굉장한 편안한 하루가 될 것.

 소띠: 실수가 잦아 주변으로부터 질책을 받을 수 있으니 재차 확인하는 자세가 필요함.

 호랑이띠: 굴곡과 변화가 있으니 민첩한 태도가 필요함.

 토끼띠: 건강에 적신호가 켜질 수 있으니 휴식을 취할 것.

 용띠: 불만스러운 일이 발생하더라도 불평하지 말 것.

 뱀띠: 동성과의 마찰이 생길 수 있으니 가급적 이성과 많은 시간을 보내는 것이 유리함.

 말띠: 금전적으로 손해를 볼 수 있으니 계산을 철저히 할 것.

 양띠: 이동수가 있으니 이를 피하고 싶다면 여행을 떠나는 것도 방법 중 하나.

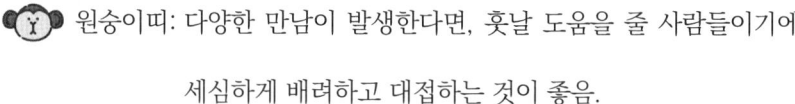 원숭이띠: 다양한 만남이 발생한다면, 훗날 도움을 줄 사람들이기에 세심하게 배려하고 대접하는 것이 좋음.

 닭띠: 구설수가 있으니 언행에 유의할 것.

 개띠: 피로가 쉽게 쌓일 수 있으니 충분한 휴식을 권장함.

 돼지띠: 믿는 도끼에 발등 찍힐 수 있으니 사전에 대비할 것.

○━ 행운의 아이템: 책 ━

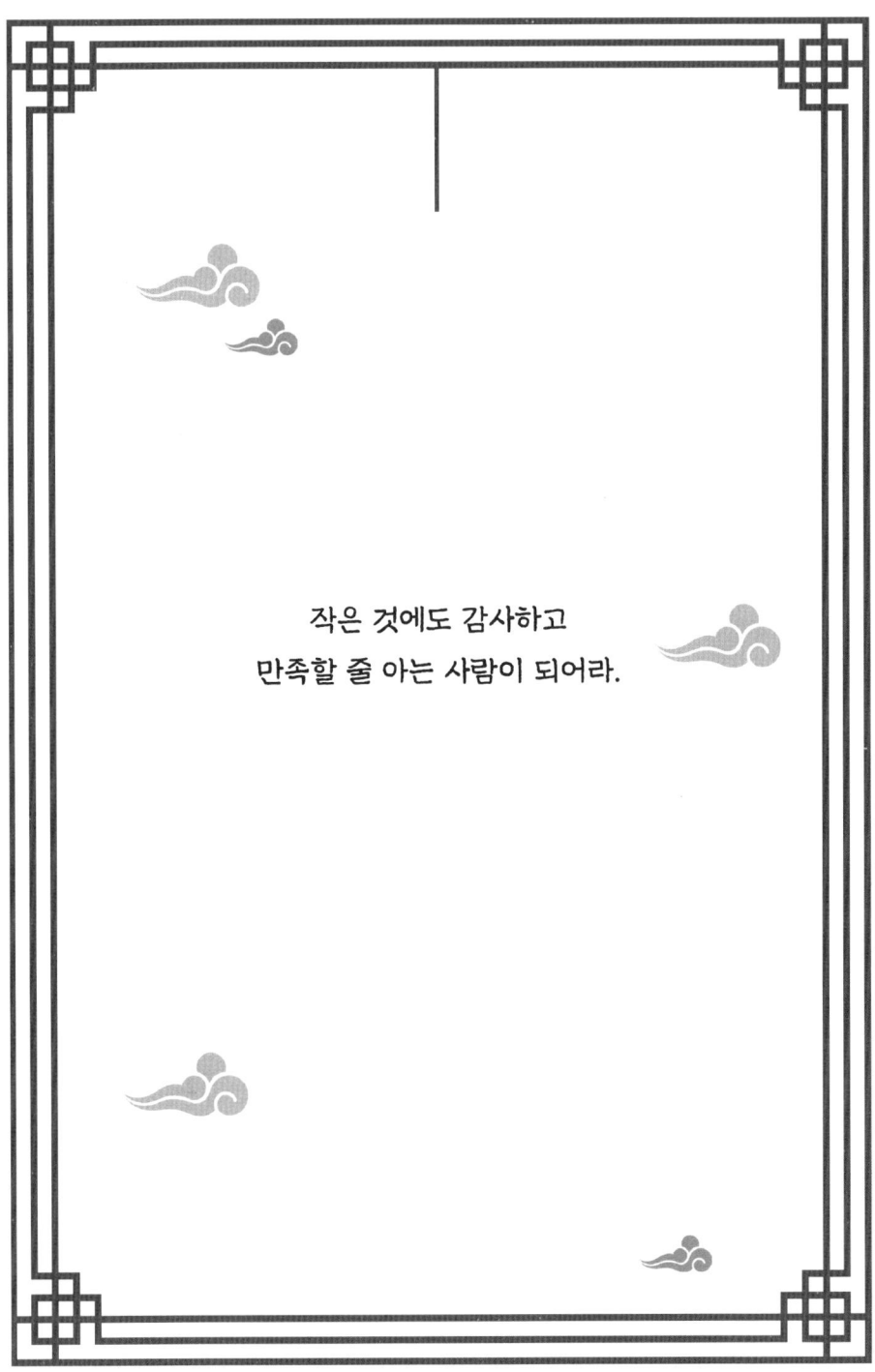

작은 것에도 감사하고
만족할 줄 아는 사람이 되어라.

쥐띠: 혼자서 많은 것을 진다고 해서 해결되지 않음.

 소띠: 타인의 도움이 필요하다면 용기 내어 도움을 요청할 것.

 호랑이띠: 새로운 장소나 사람을 만나는 것보다는 익숙한 장소와 사람과 많은 시간을 보내는 것이 좋음.

 토끼띠: 욕심이 화를 부르니 내 것이 아니라면 탐하지 말 것.

 용띠: 생각지 못한 곳에서 구설수가 있으니 주의할 것.

 뱀띠: 집중력이 흐트러지고 일의 끝이 보이지 않으니 오히려 내려놓고 한 템포 쉬었다 가는 것을 추천함.

 말띠: 처음부터 내 것이 아니었음을 명심할 것.

 양띠: 말조심을 할 것. 입으로 인해 그르치게 되는 일이 많음.

 원숭이띠: 나의 복으로 돌아오니, 도움을 거절하지 말고 기꺼이 응할 것.

 닭띠: 작은 실수가 큰 화를 일으키니 재점검이 필요함.

 개띠: 기분에 따라 행동한다면 큰 손해를 보니 침착함을 유지할 것.

 돼지띠: 오는 사람 막지 말고 가는 사람 잡지 말 것.

 ┄ 행운의 숫자: 3, 25, 63 ┄

타인의 상처를 이해하기 위해서는

상대방과
같은 마음이 되어야 한다.

쥐띠: 끊어졌던 인간관계가 다시 이어질 수 있음.

 소띠: 대운이 들어오니 그동안의 문제가 해결될 수 있음.

 호랑이띠: 공덕을 쌓아야 할 때. 최대한 친절과 배려를 베풀 것.

 토끼띠: 지나친 욕심은 화를 부르니 기본에 충실할 것.

 용띠: 겉과 속이 다를 수 있으니 상대방의 말을 온전히 믿지 말 것.

 뱀띠: 놓친 약속이나 일정이 없는지 꼼꼼하게 확인할 것.

 말띠: 노력한 것에 비해 결과가 좋지 못함.

 양띠: 개인적인 감정을 배제하고 판단하는 것이 중요함.

 원숭이띠: 성과나 이득을 혼자 독차지하지 말고 주변 사람들과 반드시 나눌 것.

 닭띠: 노력의 대가가 반드시 따라옴.

 개띠: 주변 사람들의 말에 휩쓸렸다간 큰 낭패를 볼 수 있음.

 돼지띠: 도움이 되지 않는 관계라면 끊어 내는 것이 중요함.

o— 행운의 장소: 산 —

나 스스로를 바꾸지 못하면
남도 변화시키지 못한다.

쥐띠: 망신살이 있으니 타인의 일에 너무 관심을 갖지 말 것.

 소띠: 명분 없는 다툼은 시간만 낭비할 뿐.

 호랑이띠: 누군가 자신이 필요하다며 연락을 취해 올 수 있으나, 좋은 제안이 아니니 거절하는 것이 좋음.

 토끼띠: 장기적인 투자보다는 단기적인 투자가 유리함.

 용띠: 큰 감정 기복으로 인해 대인 관계에 문제가 생길 수 있음.

 뱀띠: 주변의 권유나 유혹에 흔들리지 말 것.

 말띠: 욕심을 버릴 것.

 양띠: 미리 걱정한다고 달라지는 것은 없다.

 원숭이띠: 의외의 장소에서 귀인을 만날 수 있음.

 닭띠: 어려움이 생기나, 가족이나 가까운 지인으로부터 도움을 받을 수 있으니 도움을 요청할 것.

개띠: 대인 관계에서 얻을 수 있는 것이 있으니 가급적 많은 만남을 추천함.

돼지띠: 아랫사람에게서 해결책이 나오니 아랫사람에게 예의를 갖출 것.

○— 행운의 음식: 김치찌개 —

마음의 상처를 치료하는 약은

사랑이다.

쥐띠: 행동으로 실천하기보다는 머릿속으로 먼저 구상을 하는 것이 중요함.

 소띠: 감정 기복이 심해질 수 있으니 마음의 여유를 가지는 것이 좋음.

 호랑이띠: 큰 지출이 발생할 수 있으나 투자의 개념으로 생각하고 기꺼이 지출해도 좋음.

 토끼띠: 고민한다고 달라지는 것은 없다.

 용띠: 곤란한 일이 발생할 수 있으니 주변에 도움을 요청할 것.

 뱀띠: 관재수가 있으니 다툼이나 언쟁에 주의할 것.

 말띠: 힘들어도 좋은 결과가 있을 것이니, 포기하지 말 것.

 양띠: 타인에 대해 강한 질투가 느껴지더라도 절대 겉으로 티 내지 말 것.

 원숭이띠: 직감대로 행동할 것.

 닭띠: 지금 당장은 기대하기 힘드니, 서두르지 말 것.

 개띠: 나무가 많은 산에서 휴식을 취하는 것도 좋음.

 돼지띠: 그동안 쌓인 피로를 해소하는 것이 급선무.

○– 행운의 띠: 호랑이띠 –

함부로 살지 않기.

쥐띠: 많은 사람들이 있는 모임은 최대한 피할 것.

 소띠: 이성운이 높으니 미혼자는 기대를 해도 좋고, 기혼자라면 주의해야 함.

 호랑이띠: 망설인다면 주위에서 뺏어 가는 형국이니, 고민하지 말고 행동할 것.

 토끼띠: 인연은 억지로 만들 수 없다.

 용띠: 스스로 결정하고 행하는 것이 좋음.

 뱀띠: 자칫 도움을 받았다간 오히려 해가 될 수 있으니 스스로 해결하는 것이 좋음.

 말띠: 괜히 섣부르게 움직였다가 오해를 쌓으니 최대한 행동을 자제하는 것이 좋음.

 양띠: 귀인이 도움을 줄 터이니 과감하게 행동하는 것도 좋음.

 원숭이띠: 이동수가 있으니, 원치 않는다면 짧은 여행이라도 다녀오는 것이 좋음.

 닭띠: 한순간의 선택으로 기회를 잃을 수 있으니 신중할 것.

 개띠: 건강상 문제가 생길 수 있으니, 음식 섭취에 특히 유의할 것.

🐷 돼지띠: 주변 사람들과 더 친밀한 관계를 맺을 수 있음.

○─ 행운의 활동: 하늘 바라보기 ─

오늘을 사랑해라.

쥐띠: 인간관계를 점검할 필요가 있음.

 소띠: 긍정적인 생각을 하면 반드시 좋은 결과를 낳음.

 호랑이띠: 속임수를 쓰지 말고 원칙을 지켜 행동할 것.

 토끼띠: 앞장서거나 다른 사람의 의견을 대신 이야기하는 것은 절대 금물.

 용띠: 화상의 우려가 있으니 최대한 불을 멀리할 것.

 뱀띠: 가급적 육식을 피하는 것이 좋음.

 말띠: 다툼이 발생하더라도 먼저 용서를 구하고 화해하는 것이 좋음.

 양띠: 대중의 의견에 따르고 이에 맞게 행동하는 것이 중요함.

 원숭이띠: 금전 거래는 하지 않는 것이 좋음.

 닭띠: 과감한 행동이 위험한 결과를 초래할 수 있음.

 개띠: 변동운이 있으나, 제자리를 지키는 것이 중요함.

 돼지띠: 주위에 조언을 구하고, 그대로 행하는 것이 좋음.

○— 행운의 동물: 오리 —

꿈과 이상을 상실할 때

늙어 가는 것이다.

쥐띠: 손윗사람에게 조언을 구할 것.

 소띠: 타인에 대한 질투나 시기를 멈추는 것이 좋음.

 호랑이띠: 신뢰도에 문제가 생길 수 있으니 해야 할 일은 즉시 처리할 것.

 토끼띠: 스트레스 받는 일이 생길 수 있으니 멘탈 관리에 신경 쓸 것.

 용띠: 다른 사람에게 휩쓸려 내 갈 길을 잃어버리는 형국이니 내 마음가짐을 굳건히 하는 자세가 필요함.

 뱀띠: 임기응변이 그 어느 때보다 중요함.

 말띠: 불평불만을 한다고 달라지는 것은 없다.

 양띠: 일을 더 이상 미루지 말고 빨리 처리하는 것이 이로움.

 원숭이띠: 나와 생각이 다르다고 불평하지 말 것.

 닭띠: 육체적인 활동이 활발할수록 유리하니 부지런히 움직일 것.

 개띠: 복잡할수록 단순하게 생각하는 것이 좋음.

 돼지띠: 이상을 좇지 말고 현실을 직시할 것.

○━ 행운의 아이템: 자동차 ━

내 마음을
사랑하는 하루가 되자.

쥐띠: 손윗사람에게 도움을 얻을 수 있음.

 소띠: 가급적 정면 승부는 피하는 것이 좋음.

 호랑이띠: 나에게 이익을 주는 관계만 챙기다 큰 망신을 당할 수 있음.

 토끼띠: 거래를 한다면 오늘 하는 것이 좋음.

 용띠: 뜻대로 흘러가지 않으니 잠시 쉬었다 가는 것도 방법 중 하나.

 뱀띠: 친한 친구에게서 연락이 온다면 흔쾌히 응하고, 외출을 하는 것도 좋음.

 말띠: 변화를 시도했다 다칠 수 있으니 변화를 추구하지 말 것.

 양띠: 주변에서 도움을 주니, 일이 풀릴 기미가 보임.

 원숭이띠: 노력한 만큼 결실이 돌아오니 기대해도 좋음.

 닭띠: 중요한 결정은 내일로 미루는 것이 좋음.

 개띠: 평소 가 보지 못했던 곳을 방문하는 등 낯선 곳을 방문하는 것이 좋음.

 돼지띠: 문서운이 약하니 중요한 결정은 미루는 것이 좋음.

○─ 행운의 나이: 59년생, 61년생, 73년생, 83년생, 85년생, 93년생 ─

오늘 하루
한 번의 시험이

남에게는 평생이 될 수 있다.

쥐띠: 가족이나 가까운 지인을 만나는 것을 추천함.

 소띠: 관재수와 구설수 모두 있으니 행동에 유의하고 가급적 외출을 자제하는 것이 좋음.

 호랑이띠: 00:00~06:00까지 기운이 매우 약하니, 그 시간대에는 외출을 가급적 삼갈 것.

 토끼띠: 해결할 수 없다면 주변에 도움을 요청하는 것이 좋음.

 용띠: 구설수와 다툼이 있으니 최대한 집에서 휴식을 취하는 것이 좋음.

 뱀띠: 일어나지 않은 일에 대해 두려워하지 말 것.

 말띠: 다른 사람의 말을 듣고 행동했다간 큰 낭패를 볼 수 있음.

 양띠: 마음에 걸리는 일은 미루지 말고 바로 해결할 것.

 원숭이띠: 불필요한 외출은 최대한 삼가는 것이 좋음.

 닭띠: 대인 관계에서 작은 실수가 큰 오해를 불러일으키니 주의할 것.

 개띠: 모두와 동상이몽이니 정확한 의견을 전달하는 것이 중요함.

 돼지띠: 작은 갈등 여러 개가 동시에 몰려오니 정신적으로 힘들 수 있음.

○─ 행운의 색: 초록색 ─

겸손해라.

쥐띠: 집안의 손윗사람에게 질병이 찾아올 수 있으니 미리 안부 전화를 하는 것이 좋음.

 소띠: 사고가 발생할 수 있으니 과음은 절대 금물.

 호랑이띠: 가족과 불화가 생길 수 있으니 주의할 것.

 토끼띠: 절대 나서지 말 것. 모든 책임을 떠맡게 됨.

 용띠: 오히려 화를 입을 수 있으니, 타인의 일에 간섭하지 말 것.

 뱀띠: 약속을 함부로 하지 말 것.

 말띠: 도가 넘는 언행으로 인해 사람을 잃을 수 있으니 조심할 것.

 양띠: 타지로 이동하거나 여행은 잠시 미뤄 두는 것이 좋음.

 원숭이띠: 물이 있는 곳에 방문하는 것도 좋음.

 닭띠: 그동안의 노력에 대해 보상받을 수 있으니 기대해도 좋음.

 개띠: 손아랫사람에게 뜻밖의 이득을 얻을 수 있음.

 돼지띠: 지나친 욕심이 아닌지 스스로를 점검하는 것이 중요함.

⊶ 행운의 음식: 닭고기 ⊷

오늘 하루가
내 인생의 축소판이다.

쥐띠: 평소와 같은 하루를 보내더라도 피로감이 덜한 에너지가 높은 하루가 될 것.

 소띠: 주변에 사람이 없다고 생각되어 쓸쓸한 하루가 될 수 있음.

 호랑이띠: 뜻밖의 인맥이 확장되니 최대한 밖에 오래 머무를 것.

 토끼띠: 다툼이 끊이지 않으니, 양보와 관용의 자세가 중요함.

 용띠: 대인 관계로 피곤하고 힘들어지니 가급적 대화를 삼가고 집에 머무를 것.

 뱀띠: 말을 줄이고 차분히 기다리는 것이 현명함.

 말띠: 좋은 일은 최대한 떠벌리지 말 것.

 양띠: 조급함을 버릴 것. 괜히 일을 그르칠 수 있음.

 원숭이띠: 어지러움을 쉽게 느낄 수 있으니 수분 섭취를 많이 할 것.

 닭띠: 처세술이 관건. 현명하게 대처하는 것이 중요함.

 개띠: 무심코 뱉은 말이 화살이 되어 돌아오니 가급적 말을 삼갈 것.

 돼지띠: 급하게 행동했다 불필요한 지출이 생길 수 있으니 충동적인 행동을 자제할 것.

○— 행운의 달: 3월 —

오늘 하루
즐게하라.

쥐띠: 사방이 가로막힌 답답한 형국이니 차분한 마음으로 하루가 무난하길 바라는 것이 좋음.

 소띠: 사람이 많이 몰릴 수 있으니, 최대한 좋은 이미지를 쌓을 수 있게 친절함을 베푸는 것이 좋음.

 호랑이띠: 새로운 도전을 해 보는 것도 좋음.

 토끼띠: 다툼이 생길 수 있으니 주변을 경계하고 말을 아낄 것.

 용띠: 조급함을 버린다면 이득이 따를 것.

 뱀띠: 학업운이 좋으니, 학생이라면 학업을, 학생이 아니라면 새로운 일을 배우는 것도 좋음.

 말띠: 실외보다는 실내가 좋으니 가급적 외출을 삼갈 것.

 양띠: 어제의 동료가 오늘의 적이 되기 쉬우니 주의할 것.

 원숭이띠: 불필요한 지출이라고 생각될 수 있으나, 나중에 곱절로 돌아오니 기쁜 마음으로 지출할 것.

 닭띠: 다른 사람들의 말에 휘둘리지 말고 내 할 일에 집중할 것.

 개띠: 물건을 쉽게 잃어버릴 수 있으니, 중요한 것은 미리 챙겨 두는 것이 좋음.

 돼지띠: 계획에 차질이 생기니 꼼꼼히 살펴볼 것.

━o─ 행운의 귀인: 손윗사람(~5살 연상까지) ─

오늘의 기분은
내가 정해 보자.

쥐띠: 직접적인 거래나 1:1 대화는 피하는 것이 좋음.

 소띠: 닭띠와 궁합이 좋으니, 오늘은 닭띠를 가까이할 것.

 호랑이띠: 건강 검진을 받아 보는 것도 좋음.

 토끼띠: 회식이나 모임 등에서 좋은 기회를 얻을 수 있음.

 용띠: 나의 계획대로 흘러가지 않으니 스트레스가 극심할 것.

 뱀띠: 큰돈이 지출될 일이 생기니 미리 대비하는 것이 좋음.

 말띠: 안 좋은 소문의 주인공이 될 수 있으니 가급적 말을 삼갈 것.

 양띠: 마음속의 걱정을 입 밖으로 꺼내는 것이 좋음.

 원숭이띠: 음주는 절대 금물. 모임이 있다면 다음으로 미루는 것이 좋음.

 닭띠: 어린아이들에게 친절함을 베풀 것.

 개띠: 뜻밖의 선물을 받았다면 그에 상응하는 선물로 보답한다면 훗날 큰 이익으로 돌아올 것.

 돼지띠: 가족의 건강과 마음을 들여다볼 것.

○― 행운의 아이템: 공 ―

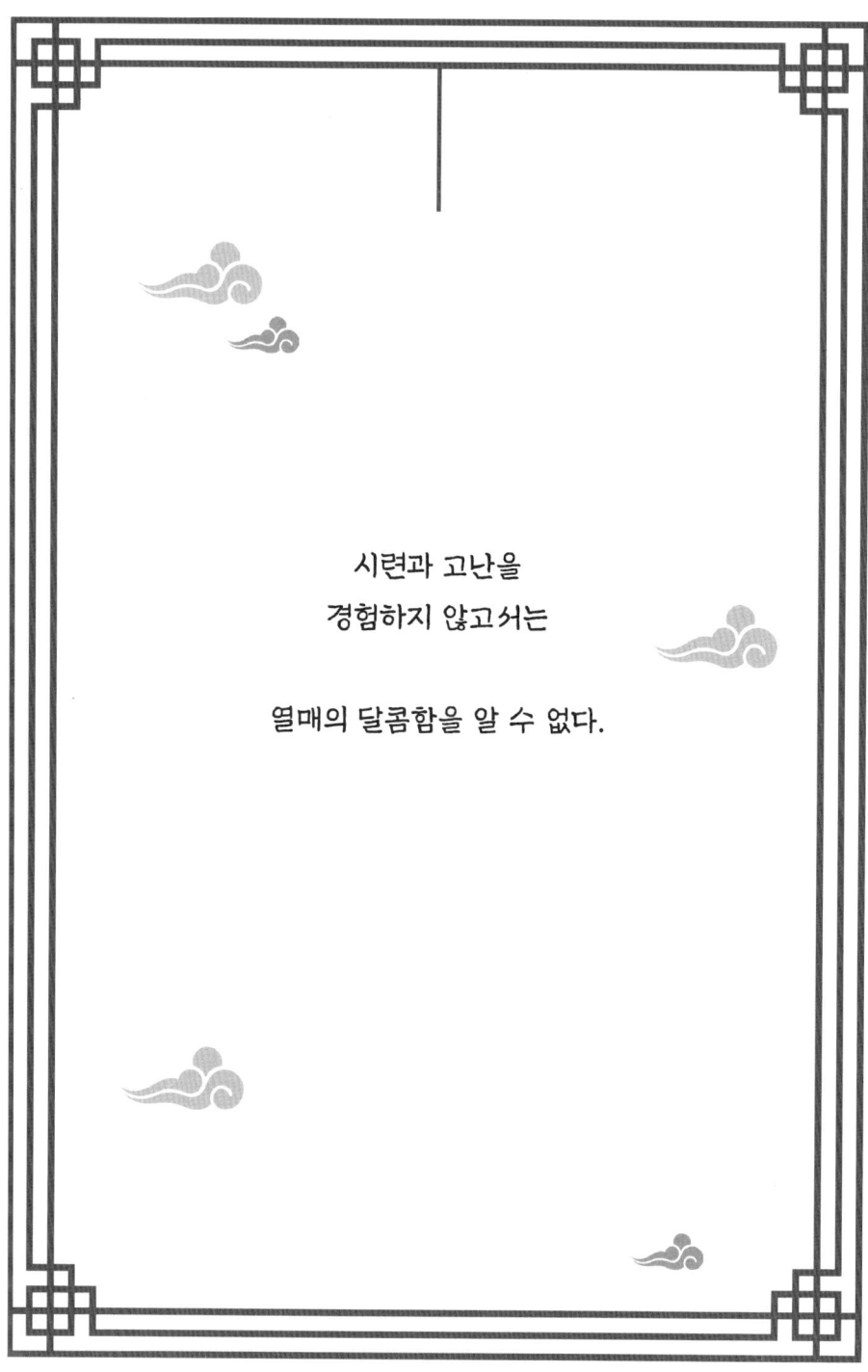

시련과 고난을
경험하지 않고서는

열매의 달콤함을 알 수 없다.

쥐띠: 시간은 금이다.

 소띠: 가급적 외출을 자제하고 휴식을 취하는 것이 좋음.

 호랑이띠: 자칫 교만함을 내비쳤다가는 사람을 잃으니 주의할 것.

 토끼띠: 주인공보다는 조연이 득이 되는 하루.

 용띠: 생활 반경에서 최대한 먼 곳을 방문하는 것이 귀인을 만날 확률이 높음.

 뱀띠: 행운의 주인공은 바로 당신. 무슨 일을 하든 순조롭게 진행될 하루.

 말띠: 선의로 말을 하더라도 오해가 생겨 큰 싸움이 생길 수 있으니 최대한 말을 아낄 것.

 양띠: 아침 시간에 높은 에너지가 생기니 하루를 일찍 시작하는 것이 좋음.

 원숭이띠: 말 한마디로 인해 그동안 쌓아 온 나의 이미지에 큰 타격을 입히니 언행에 신중할 것.

 닭띠: 좋은 기회가 찾아오니, 용기를 내는 것이 필요함.

 개띠: 상대방의 의견 차이를 인정하는 것이 중요함.

 돼지띠: 지금까지의 마음고생에 대한 보상을 받을 수 있음.

○─ 행운의 나이: 82년생, 89년생, 96년생, 02년생, 07년생 ─

훌륭한 씨앗을 뿌리기 위한
준비를 해라.

쥐띠: 진행해 왔던 일이 좋은 결과를 나타내니 기대해도 좋음.

 소띠: 뜻하지 않은 사고가 발생할 수 있으니 조심히 행동할 것.

 호랑이띠: 순조로운 하루가 될 것.

 토끼띠: 좋은 인연과 나쁜 인연이 함께 들어오니 정신을 똑바로 차리고 이를 가려보는 눈이 필요함.

 용띠: 혼자 생각하는 것을 멈추고 지인에게 도움을 요청할 것.

 뱀띠: 새로운 일이 발생할 수 있으니 최대한 일을 벌이지 말 것.

 말띠: 미뤄 왔던 일을 처리해야 할 때.

 양띠: 좋은 일이 있다면 반드시 주변에 한턱내는 것이 좋음. 단, 자랑은 절대 금물.

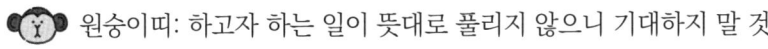 원숭이띠: 하고자 하는 일이 뜻대로 풀리지 않으니 기대하지 말 것.

 닭띠: 결정하기 어려운 일이 발생할 수 있으니 신중할 것.

개띠: 순조롭게 진행되던 일이 갑자기 지연되거나 문제가 생길 수 있음.

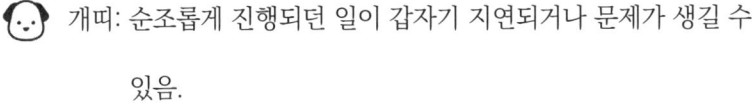 돼지띠: 친한 지인에게 속마음을 터놓고 이야기해 보는 것도 좋음. 뜻밖의 이득이 생기거나 스트레스가 풀리는 등 성과가 나타날 수 있음.

○— 행운의 시간: 축시(01~03시) —

하늘을 찌를 듯한
커다란 나무도

작은 뿌리, 작은 가지에서
시작된다.

쥐띠: 작은 희생이 큰 이익을 불러올 수 있음.

 소띠: 일이 잘 풀린다면 반드시 내조자가 있으니, 주변 사람에게 반드시 감사 인사를 전할 것.

 호랑이띠: 달콤한 말에 휩쓸려 많은 것을 잃게 되니 중심을 잡을 필요가 있음.

 토끼띠: 자신도 모르게 교만해지지 않았는지 점검할 필요가 있음.

 용띠: 가까운 지인이 화를 입을 수 있으니 주의할 것.

 뱀띠: 다른 사람과 다툼이 생길 수 있으니 현명하게 대처할 것.

 말띠: 대인 관계에 틈이 생겨 큰 다툼이 발생할 수 있으니 손실이 가지 않게 주의할 것.

 양띠: 물을 가까이하면 좋음.

 원숭이띠: 권모술수가 난무하는 가운데, 내 마음만 다치는 형국이니 이를 주의할 것.

 닭띠: 다른 사람의 이야기를 들어 볼 필요가 있음.

개띠: 좋지 않은 기운은 땀으로 대신 흘려보낼 수 있으니 땀을 흘릴 수 있는 방법을 생각해서 실천할 것.

돼지띠: 들뜬 기분에 성급히 일을 처리했다간 낭패를 볼 수 있음.

○― 행운의 장소: 바다 ―

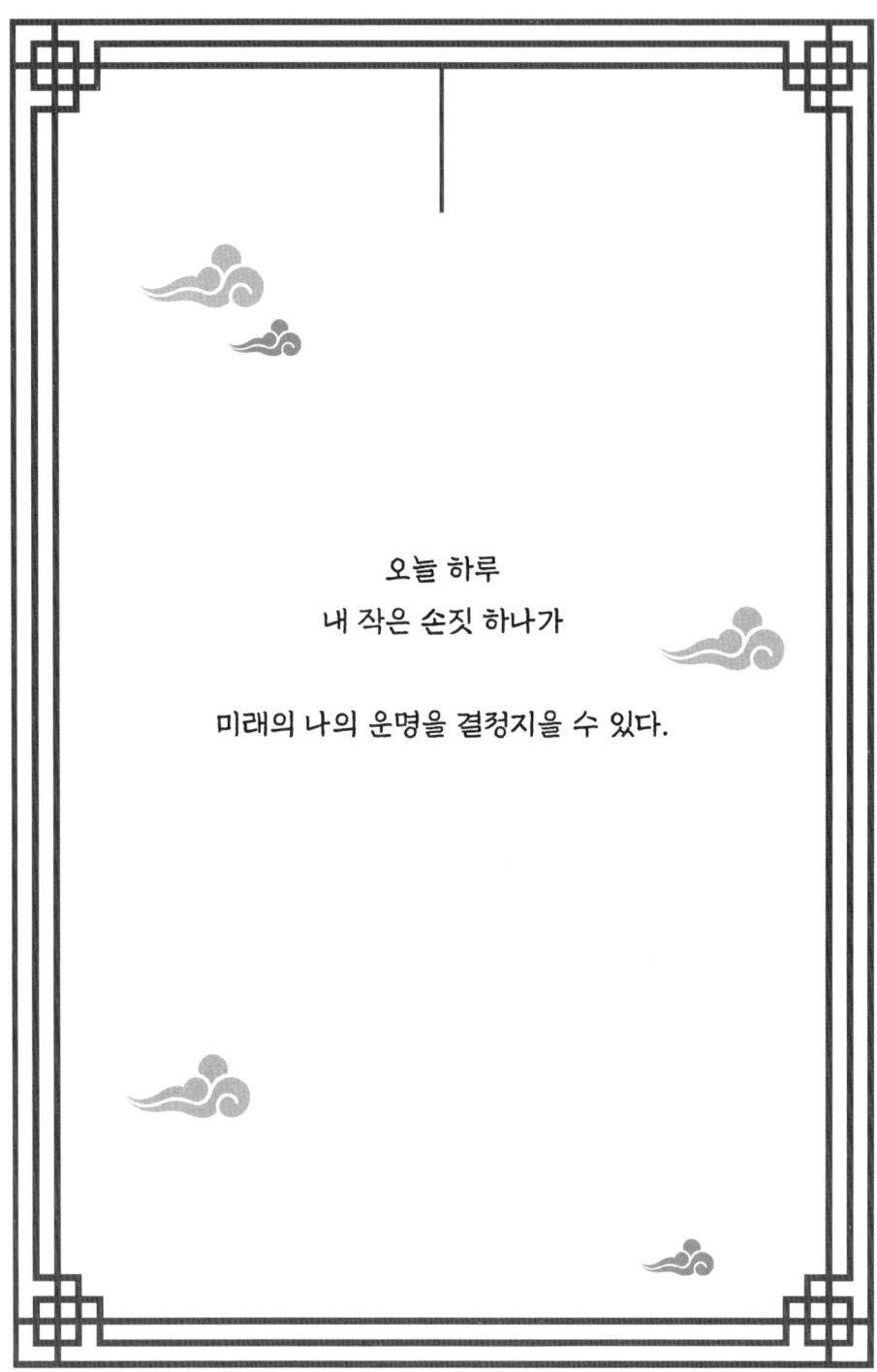

오늘 하루
내 작은 손짓 하나가

미래의 나의 운명을 결정지을 수 있다.

쥐띠: 새로운 만남을 추진해 볼 것. 뜻밖의 기분 좋은 일이 생길 수 있음.

 소띠: 평소 베풀었던 덕이 돌아오는 때.

 호랑이띠: 후회 없을 만큼 에너지를 마음껏 발산하는 것이 좋음.

 토끼띠: 부정적인 단어 사용을 자제하고 긍정적인 생각과 언행을 할 수 있도록 노력할 것.

 용띠: 주변 사람들에게 친절을 베풀 것. 뜻밖의 이익을 얻을 수 있음.

 뱀띠: 돈을 빌리거나 빌려주는 것은 절대 금물.

 말띠: 때로는 불편함을 감수하는 것도 방법.

 양띠: 타인의 기대에 부응하려다 나의 마음이 다칠 수 있음.

 원숭이띠: 어긋나거나 불편한 기분이 들어도 무시하는 것이 좋음.

 닭띠: 운이 강하게 들어오니, 적극적으로 행동하는 것도 좋음.

 개띠: 나의 주장만 강하게 내세우다 망신을 당할 수 있으니 협력하는 것이 중요함.

 돼지띠: 기대하지 않았던 일에서 좋은 결과가 나타남.

○— 행운의 숫자: 4, 25, 98 —

꾸물거리는 자에게는

행운의 기회도
꾸물거리면서 온다.

쥐띠: 고대했던 일이 코앞으로 다가왔으니 기대해도 좋음.

 소띠: 주변 사람들에게 관심을 가질 것.

 호랑이띠: 은혜는 반드시 갚을 것.

 토끼띠: 운이 약해지니, 벌여 놓았던 일에 대한 매듭을 지어야 할 때.

 용띠: 도움을 받았다면 반드시 보답할 것.

 뱀띠: 불안했던 상황이 점차 안정을 찾아감.

 말띠: 답답한 상태가 지속되겠지만, 조금 더 인내가 필요함.

 양띠: 몸의 에너지가 약하니 최대한 숙면을 오랜 시간 취하는 것이 좋음.

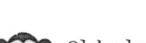 원숭이띠: 과유불급. 현실에 만족하는 것도 방법 중 하나.

 닭띠: 크고 작은 말다툼이 생길 수 있으니 양보하는 마음가짐이 중요함.

 개띠: 변화가 많아 분주할 수 있음.

 돼지띠: 평판이 좋아지니, 마음을 열어 두고 친절을 베풀 것.

─ 행운의 아이템: 깃발 ─

고난과 시련은

우리가 무엇인가를
얼마나 절실히
원하는지 깨닫게 하는 기회다.

쥐띠: 노력을 포기한다면 그로 인해 오늘의 기운이 막힐 것.

 소띠: 뜻밖의 곳에서 구설수나 망신살이 있으니 원만하게 넘어가는 자세가 필요함.

 호랑이띠: 타인에게 소홀히 대하거나 무례한 행동을 하면 곱절로 돌아오니 예의 있게 행동할 것.

 토끼띠: 굴곡과 갈등이 한 번에 몰려오니 긴장을 늦추지 말 것.

 용띠: 고집이 아니라, 아집일 수도 있다는 것을 생각할 것.

 뱀띠: 가급적 많은 물(바다)을 가까이하는 것이 좋음.

 말띠: 검은색을 피할 것.

 양띠: 옛 지인들에게 기쁜 소식이 들려온다면 반드시 돌아오기 때문에 기꺼이 한턱내는 것이 좋음.

 원숭이띠: 평범해 보이지만 작은 충돌이 생길 수 있음.

 닭띠: 가족과의 작은 갈등이 있을 수 있음.

 개띠: 자신감을 가지는 것이 가장 중요함.

 돼지띠: 운이 점차 풀려 나가는 흐름이니 너무 조급해하지 말 것.

○─ 행운의 색: 주황색 ─

내가 가진 꿈의 크기만큼

오늘 하루의 크기도 달라질 것이다.

쥐띠: 미뤄 왔던 일을 이제는 해야 할 때.

 소띠: 몸과 마음이 번거롭고 피곤한 하루. 충분한 휴식이 필요함.

 호랑이띠: 금전운이 있어도 잡지 못하니 많은 일을 벌이지 말 것.

 토끼띠: 횡재수도, 실물수도 없는 무난한 하루.

 용띠: 평소 머무르는 곳에서 최대한 멀리 이동할 것.

 뱀띠: 좋은 일과 나쁜 일이 함께 들어오는 형국이니 언행을 최대한 삼가는 것이 좋음.

 말띠: 구설수가 있으니 언행에 주의할 것.

 양띠: 어디를 가도 환영받으니, 많은 곳을 들르는 것이 좋음.

 원숭이띠: 밤 기운이 좋지 못하니 최대한 빨리 귀가할 것.

 닭띠: 불필요한 기싸움은 하지 않는 것이 좋음.

 개띠: 문서운이 좋으니 관련 업무를 보는 것도 좋음.

 돼지띠: 낯선 이를 조심할 것.

○─ **행운의 아이템: 검은색 지갑** ─

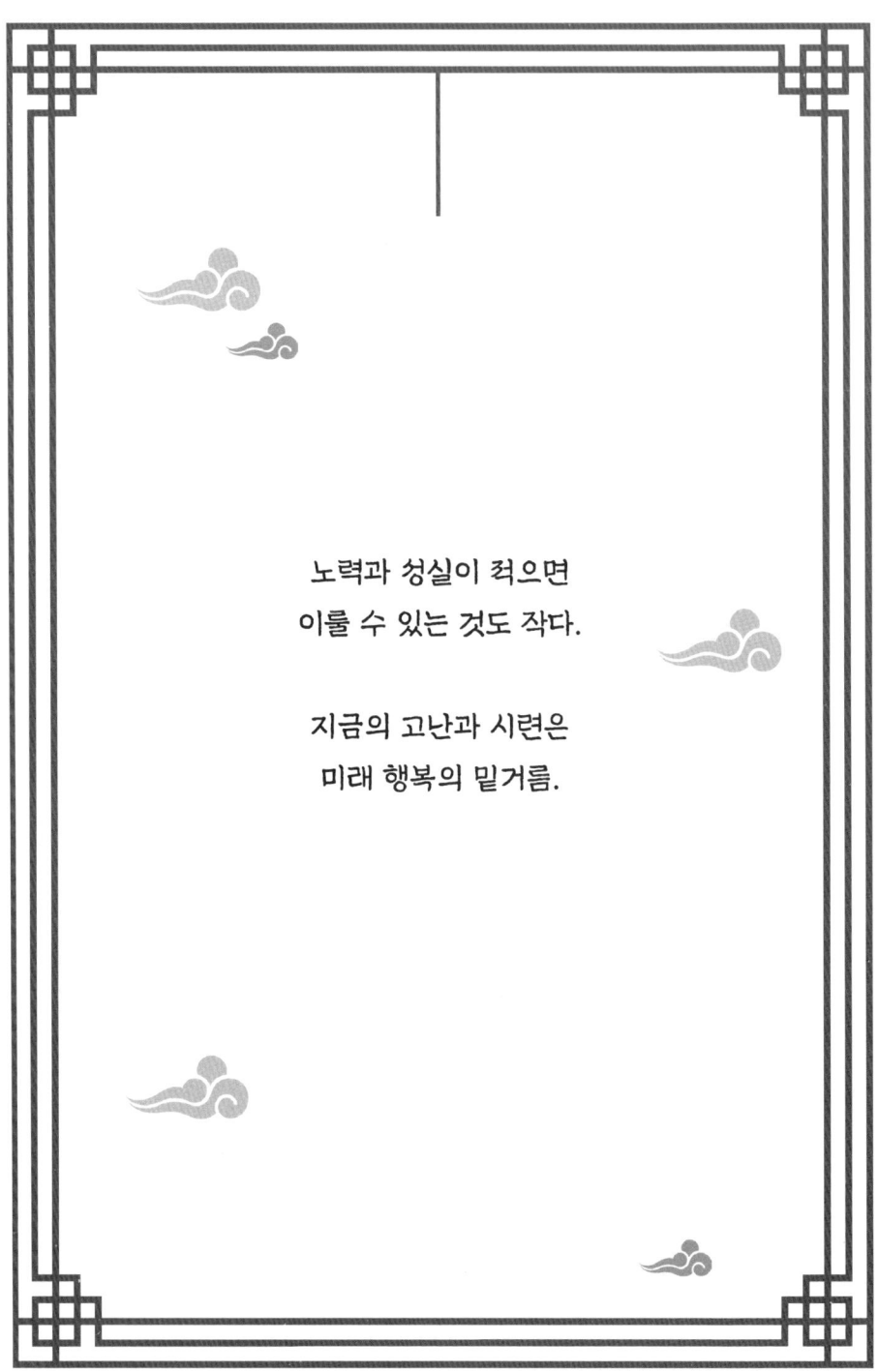

노력과 성실이 적으면
이룰 수 있는 것도 작다.

지금의 고난과 시련은
미래 행복의 밑거름.

쥐띠: 어려움이 생기더라도 곧 해결책이 따라오니 크게 걱정할 필요가 없음.

 소띠: 목이 부어 아플 수 있으니 유의할 것.

 호랑이띠: 인연이 아니라면 놓아주어야 함.

 토끼띠: 한순간의 감정이 큰 보복으로 돌아오니 조심할 것.

 용띠: 낮보다는 밤에 기운이 좋으니 오늘은 하루를 길게 보내는 것도 좋음.

 뱀띠: 음주로 인해 사고가 발생하니, 가급적 금주할 것.

 말띠: 재수가 좋으니, 의외의 이득을 기대해 보는 것도 좋음.

 양띠: 먼 곳으로 여행을 떠나는 것도 좋음.

 원숭이띠: 평소 사고 싶었던 물건을 사는 것도 좋음.

 닭띠: 사소함 속에서 큰 행복을 느끼니 좋은 일이 몰려옴.

 개띠: 타인의 말에 휩쓸리지 말고 나의 생각대로 움직일 것.

 돼지띠: 후배나 아랫사람에게 많은 도움을 얻게 되니 자존심을 세우기보다는 도움을 활용할 것.

○─ 행운의 아이템: 자동차 키 ─

오늘 하루는
내가 가진 것으로
알차게 채워라.

쥐띠: 감사함을 표현할 것.

 소띠: 평소보다 말을 많이 해야 하는 상황이 발생할 수 있으나 나에게 도움이 되지는 못함.

 호랑이띠: 불필요한 말은 가급적 삼갈 것.

 토끼띠: 자만심에 빠져 일을 그르칠 수 있으니 행동을 조심할 것.

 용띠: 의외의 장소에서 귀인을 만날 수 있음.

 뱀띠: 상갓집 방문은 최대한 자제할 것.

 말띠: 책임을 져야 하는 일에는 기꺼이 책임을 질 것.

 양띠: 분위기를 풀려다 도리어 망신을 당하기 쉬움.

 원숭이띠: 돌멩이에 걸려 넘어져도 크게 다칠 수 있으니 조심히 행동할 것.

 닭띠: 일에 집중하다 건강을 놓치기 쉬우니 나를 챙길 것.

 개띠: 가장 좋은 길운이 함께하니, 행운의 날.

 돼지띠: 뜻밖의 인물에게서 문제 해결의 열쇠를 얻을 수 있음.

○─ 행운의 음식: 녹차 ─

말보다는 행동으로.

쥐띠: 급격하게 친해진 사람을 조심할 것.

 소띠: 불필요한 언쟁에는 절대 휘말리지 말 것.

 호랑이띠: 유달리 나를 찾는 일들이 많아지니 피로도 또한 상승함.

 토끼띠: 감정에 휘말려 지키지 못할 약속은 하지 말 것.

 용띠: 과정에 어려움이 있더라도 마무리가 좋음.

 뱀띠: 손윗사람이나 동갑의 조언이 큰 이익을 가져다줌.

 말띠: 축하할 일이 생긴다면 진심으로 축하할 것.

 양띠: 과거의 실수가 낱낱이 드러나니 긴장을 늦추지 말 것.

 원숭이띠: 지나친 행동으로 큰 낭패를 볼 수 있으니 겸손한 마음이 필요함.

 닭띠: 작은 선물이 큰 은혜로 보답이 되니, 누군가에게 선물을 해 보는 것이 좋음.

 개띠: 크게 노력하지 않아도 운이 따르니 기분 좋은 일이 생김.

 돼지띠: 그냥 넘어가도 되는 일을 굳이 들춰내 오히려 창피를 당할 수 있음.

○― 행운의 방향: 북쪽 ―

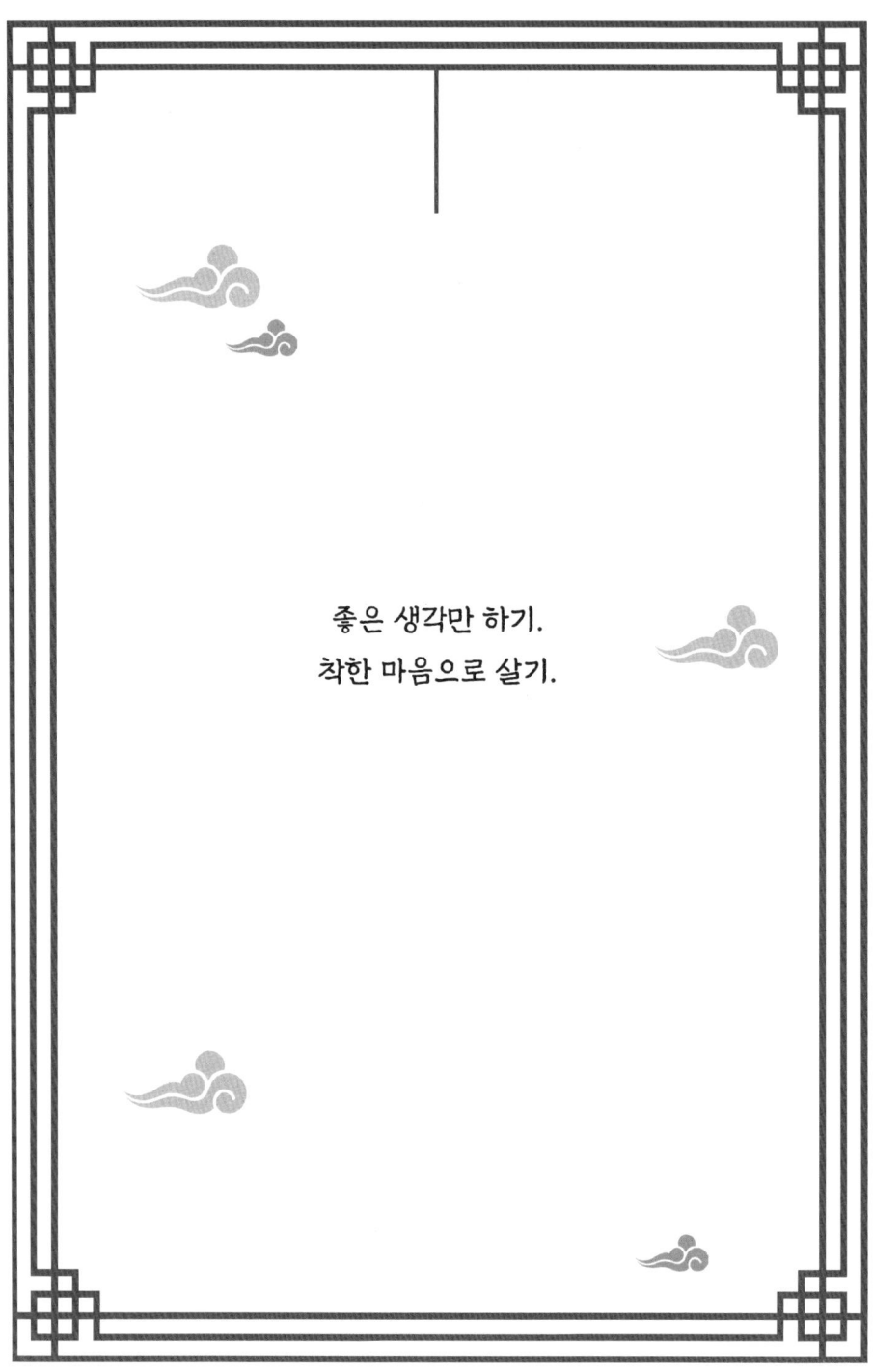

좋은 생각만 하기.
착한 마음으로 살기.

쥐띠: 주변의 말에 휩쓸리지 말 것.

 소띠: 축하해야 하는 일에는 진심을 담아 축하할 것.

 호랑이띠: 먼 거리를 이동하는 것은 금물.

 토끼띠: 질투는 나를 방해하는 요소임을 기억할 것.

 용띠: 기회를 놓쳐 후회하게 되니 주변을 면밀히 살펴볼 것.

 뱀띠: 물만 먹어도 체할 만큼 소화기관이 약해지니 주의할 것.

 말띠: 시야를 넓혀 주변에 관심을 둔다면 예상치 못한 이득이 생길 수 있음.

 양띠: 생각지도 못한 곳에서 귀인을 만날 수 있음.

 원숭이띠: 마음에 담아 두고 뱉지 말아야 할 말도 있다는 것을 명심.

 닭띠: 소화기관이 좋지 못해 체할 수 있으니 과식은 금물.

 개띠: 차량 관련 사고수가 있으니 조심할 것.

 돼지띠: 말하는 대로 하루가 흘러가니, 최대한 긍정적인 단어를 사용할 것.

○― 행운의 단어: 감사 ―

하루 한 장, 오늘의 운세로 하루를 시작하세요

큰할배의 하루 책장 운세

1판 1쇄 발행 2025년 11월 28일
1판 2쇄 발행 2025년 12월 23일

지은이 큰할배

교정 주현강　**편집** 차민정　**마케팅·지원** 이창민

펴낸곳 하움출판사　**펴낸이** 문현광
이메일 haum1000@naver.com　**홈페이지** haum.kr
블로그 blog.naver.com/haum1000　**인스타** @haum1007

ISBN 979-11-7374-231-6(03180)

좋은 책을 만들겠습니다.
하움출판사는 독자 여러분의 의견에 항상 귀 기울이고 있습니다.
파본은 구입처에서 교환해 드립니다.

이 책은 저작권법에 따라 보호받는 저작물이므로 무단전재와 무단복제를 금지하며,
이 책 내용의 전부 또는 일부를 이용하려면 반드시 저작권자의 서면동의를 받아야 합니다.